よみがえる天才 5

コペルニクス

高橋憲一 Takahashi Ken'ichi

★——ちくまプリマー新書
364

高校生の望に捧ぐ

目次 ＊ Contents

図版作成　朝日メディアインターナショナル株式会社

はじめに

皆さんは「コペルニクス的転回」という言葉を聞いたことがあるだろうか。インターネットで検索してみると、一一万ものヒットがある。常識を超えた斬新なアイデア、発想、発明を指すものから漫画、音楽、学習参考書、そして飲み屋さんの名前まで、何でもありといったところである。

ウィキペディアでは「物事の見方が一八〇度変わってしまう事を比喩した言葉」、ある国語辞典では「発想法を根本的に変えることによって、物事の新しい局面が切り開かれること」と説明しているが、元々は一八世紀の哲学者カントが常識をひっくり返した認識論を展開したことを指して使われた。従来の哲学的常識では、人間の認識は外部にある客観的対象を受け入れるものだとしていたのに対し、カントは、人間は物自体を認識することはできず、人間の主観が対象を構成するのだとした。

科学的認識に当てはめると、自然法則の成立根拠は自然界という客観の側にあるのではなく、自然を認識する人間の主観の側にあることになる。こうしてカントは客観と主観の関係を逆転させたのである。それは、天が動くとする伝統的な説（天動説）をコペルニクスが否定して、地球のほうが動くとする新説（地動説）を提出したことに匹敵するような百八十度の転換にあたると思われた。カント自身、この関連でコペルニクスの名前に言及しているが、「コペルニクス的転回」という言葉は使っていないようだ。一方は天動説から地動説へ、他方は客観から主観へ。天文理論と認識論の根本的転換を並べて表現するこの比喩は非常によくできていたために、頭に入りやすく、人々の間に広まっている。この比喩の成功に促されたためだろうか、最近では「～的転回」をよく見かけるようになった。たとえば、「言語論的転回」「生態学的転回」「コミュニケーション的転回」「情報検索の認知的転回」「負債論的転回」等々、切りがない。

天動説を否定して地動説を提唱した偉大な天文学者コペルニクス。これは私たちの常識となっている表現だろう。しかし今あえてこの常識を考え直してみよう。

そのためにまず一つの問いを出してみる。「天動説はどこが間違っていたから、否定されたのだろうか」。あくまでもコペルニクス自身とその時代の中にある知識の範囲で考えることにしよう。小学校以来、太陽系モデルを当たり前としている君たちはどんな答えをするだろうか。

天動説では間違いや理論として不十分な点があったはずだから、それは何だったか……と考えて、たとえば、天動説では地球は平らだと思っていた（船で遠くまで出てしまうと、いつか世界の果てに来て船もろとも落っこちてしまうんじゃなかったかな？）とか、春夏秋冬の季節変化が説明できないとか、日食や月食は神様が引き起こすと考えていたとか、惑星の不規則な運動が説明できなかったとか、理論と観測データとのズレがひどくなりすぎ、それを取り繕うために複雑な理論になってしまったとか、などなど。あるいは「中世ではキリスト教が人々の考えを束縛していたので、その教えに反することが言えなかったし、そもそも、それに反することを想像することすらできないほど科学的に未熟だった」という意見があるかもしれない。そして「天動説が間違っていたのは、地球が動いているという正しい事実を否定しているからだ」と考えた人もいるかな？

さて、君の答えはこの中にあったかな？

あったという人は、残念ながら、ブッブーッ（不正解の擬音）。

天動説でも、地球は丸いと考えていたし、季節変化や日月食も正しく説明していたし、その予測もなされていた。惑星の運動もそれなりに説明していた。というよりも、昔から天動説でも、惑星の変則的な運動を説明するのが重要な課題になっていて、それが説明できなければそもそも天文理論としての資格を持ち得なかったのである。

理論と観測データの関係については、微妙な問題があるので後で改めて取り上げることにして、ここで述べておきたいのは、「観測データとのズレを解消するために修正を加えていった結果、天動説という理論は複雑になり過ぎ、もっと理論的に単純な地動説に取って代わられた」という考えの背後には、「自然は単純だ」という信念が潜んでいることだ（この主張自体は単純だろうか?）。そして科学と宗教の関係を考えた人は、科学と宗教は、水と油のように、本来相容れないものだ、と考えてはいないだろうか（有名なガリレオの宗教裁判は、コペルニクスが亡くなってから九〇年後のこと。つまり、現代の常識はコペルニクスよりずっと後に成立したのだ）。

すると、地球が動いているという「事実」を否定しているから天動説は正しくない、つまり地動説が正しいから天動説は間違っている、ということになる。しかし、僕らの答えようとした問いは、「天動説はどこが間違っていたから否定されたのだろうか」だった。

だが、地動説が正しいから天動説は間違っているというのは、このままでは循環論法になってしまう。そうならないためには、地動説が正しいという科学的証拠を示さなければならないだろう。では、地球が動いているという事実はどんな科学的証拠に基づいているのだろうか。ここで高校の理科の教科書をひもといてみよう。自転の証拠としてはフーコーの振子（一八五一年）、公転の証拠としては年周視差（ベッセル、一八三八年）、光行差（ブラッドリー、一七二七年）などが挙げられている。地動説はこうした科学的証拠にもとづいているのだから、それを否定する天動説は誤りであることになる。こう述べれば、悪循環から逃れることができる。

だがここで立ち止まって考えてみることにしよう。地動説の科学的証拠とされるものは、一八世紀以降に発見されたものであり、地動説の提唱者コペルニクスは一六世紀に生きていた。つまり、現在の我々にとって地動説の科学的証拠とされるものをコペルニクスはもっていなかったのである。コペルニクスはわれわれとは異なる別の証拠をもっていたのだろうか。もし「科学理論は客観的な証拠に基づいて主張されるはずだ」と思っている人がいれば、その証拠は何だったのだろうか、と考えることになるだろう。科学的証拠は前の段落で述べたほかにも沢山あるはずだから、何かあったんじゃないか?

たとえば「台風が北半球では左巻きになる」というのは、地球が自転していることの科学的証拠じゃなかったかなと考えた人がいるかもしれない。それとももっと大胆に、客観的な科学的証拠がないにもかかわらず、斬新なアイデアを提出したのだろうか、と思った人がいるかもしれない。もしそうだと思った人がいれば、伝統的な説に代えて新しい説を提出した理由は何だったのだろうか。それが知りたくなるだろうな。

「コペルニクスが天才だったから」というのは、答えにならない。コペルニクスが天才とされるのは地動説を提唱したからであり、地動説の提唱をコペルニクスの天才に帰したのでは、つまるところ、同語反復になってしまうからだ。「天才コペルニクス」を持ち出さずに、地動説提唱の具体的な理由をいま僕たちは知ろうとしているのだから。

そして、地動説はコペルニクスの同時代および後代の人々にどのように受け入れられて(あるいは排斥されて)いったのだろうか。コペルニクスの生涯をたどりながら、こうした問いに対する解答を探っていこう。

そして、もう一つの問いも取りあげることにしよう。「コペルニクスは天文学者だったのか」。地動説を提唱したのだから天文学者に決まっているじゃないか、と思った君が、もし宇宙の姿を専門的に研究する学問を生業とする学者のことを考えているとしたならば、その意味でいうと、コペルニクスは天文学者ではなかった。コペルニクスは大学で天文学を教えていたわけではないし、天文学の研究で生活の資を得ていたわけでもない。

コペルニクスの生業は、カトリック教会の小さな司教管区の聖堂参事会に勤務することであり、今日で言えば、行政職の役人といったところだった。天文学の研究は彼にとってあくまで余技に過ぎなかった。しかしそれはただの暇つぶしではなかった。彼の生涯を捧げるほどの余技だった。

そしてルネサンス時代を生きたレオナルド・ダ・ヴィンチやミケランジェロと同じように、彼は多面的な関心をもつ聖堂参事会員だった。法学、経済学、医学、文学、絵画、軍事、外交、財政、土地管理……、そしてこのうちの一項目として天文学が入っていたのだった。

「天文学者コペルニクス」としただけでは捉えきれないその姿を追っていくことにしよう。そして天文学において、コペルニクスの天才はどこにあったのかを考えてみよう。

第一章　青少年期のコペルニクス――ポーランドからイタリアへ

どのような家庭に生まれたか

ポーランドの学者たちの手によって、コペルニクス家四代の家系図が判明している（図1の家系図）（図2の地図はワーミア司教区の地図とコペルニクス関連の地名の載った広域図）。われらがニコラウス・コペルニクス（Nicolaus Copernicus、ラテン語表記を採用する。ポーランド語ではミコワイ・コッペルニク）は、一四七三年二月一九日（出生ホロスコープによると、午後四時四八分）、ポーランドの商都トルン（ポーランド語ではトルニ）に生まれた。父はミコワイ・コッペルニク（Koppernigk、他の綴りもある）、母はバルバラ・ワゼンローデ（Watzenrode、他の綴りもある）。コペルニクスにはアンジェイという兄、バルバラとカタシィナという二人の姉がおり、彼は末っ子の第四子であった。

もともとコペルニクス一族はシレジア地方のコペルニキ村の出であったらしいが、一族の息子たちはポーランドのいろいろな町に移住していったらしい。祖父に当たるヤン

(?) は古都クラクフに移住した一族の一人で、銅の商いで成功したらしい。その息子のミコワイ(天文学者の父)はさらに商機を求めて、ヴィスワ河を下った都市トルンに移住した。

トルンはハンザ同盟の内陸都市であり、ポーランドとハンガリーと西欧を結ぶ陸海の交通の要衝であった。この地で彼は成功をおさめて富裕な商人となり、合わせてトルン市の参事会員となる名誉も獲得した。

一方、母方のワゼンローデ家もトルン市の有力な名門商家であり、その一族には市の顧問官やカトリックの司教がいる。コペルニクスの生家は聖アンナ通りの一七番地(現在のコペルニクス博物館の所在地)にあったが、父の参事会員就任に伴い、市の中心である旧市街三六番地に新居を構えたらしい。したがって富裕な名門家庭の子弟として、彼は恵まれた幼年時代を過ごしたと思われる。二人の姉の未来の姿もそれを裏書きしているだろう。長女のバルバラはヘウムノ(クルム)小修道院長となり、次女のカタシィナはトルン市の顧問官となる人と結婚している。だが彼らの日常生活の詳細は不明である。

しかし、コペルニクスが一〇歳の一四八三年頃父が亡くなったのは一家にとって大き

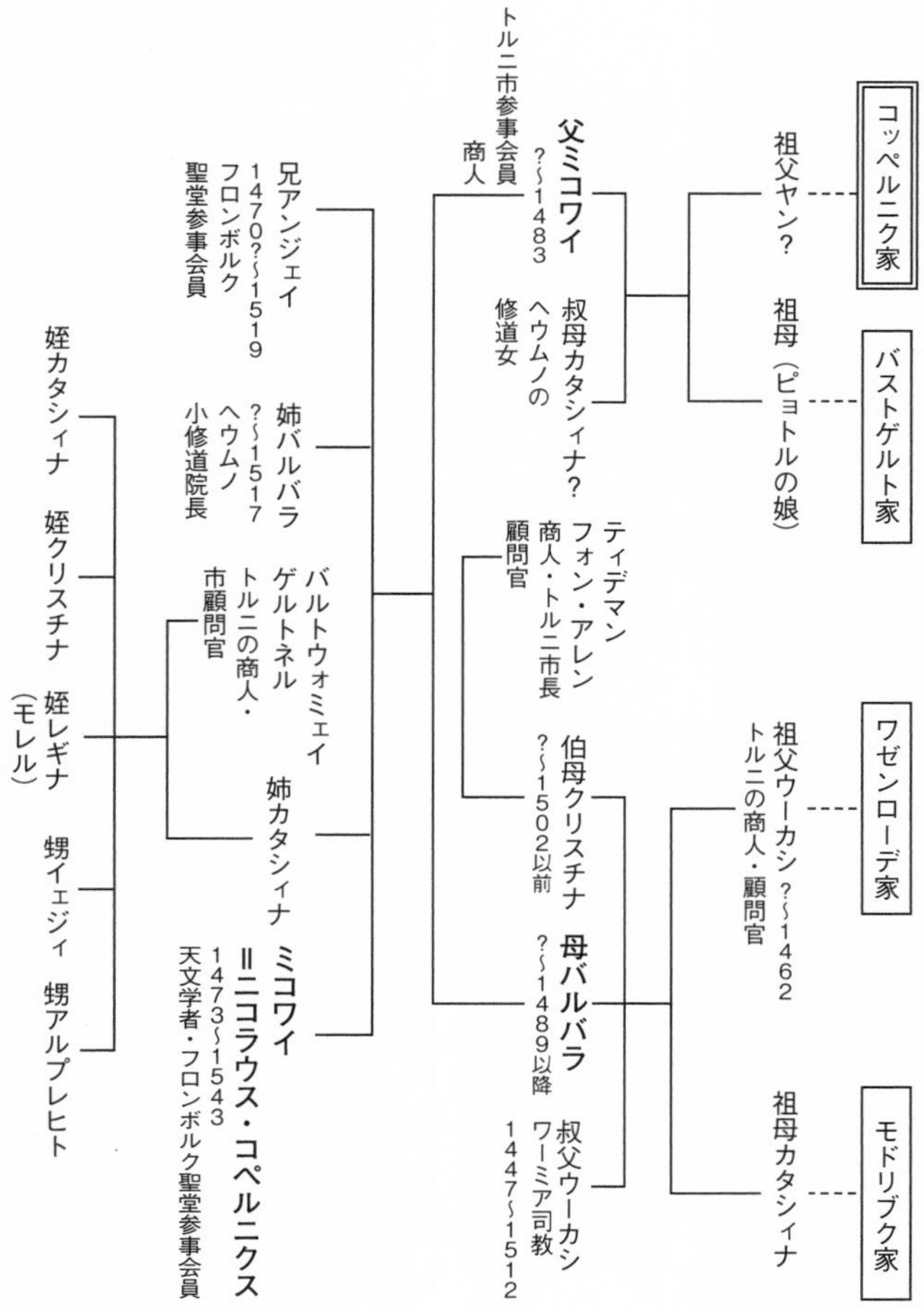

図1　コペルニクスの家系図（名前はポーランド語表記）

な転機になっただろう。この時以降は、母方の叔父ルカス・ワッツェンローデ（ラテン語表記、一四四七～一五一二）が二人の甥《おい》の後見役となり、彼の手厚い庇護のもとに育った。この叔父は後にワーミア司教となり（一四八九年）、コペルニクスの生涯に大きな影響を及ぼすことになるが、それについては後程見ることにしよう。

コペルニクスは最初の教育をトルンの聖ヨハネ教会の教区学校で受けたとするのが自然な推測だが、その後の教育をどこで受けたかははっきりとしない。しかし読み・書き・そろばん（今では電卓かスマホかな？）といった基礎的素養は早いうちから身につけただろう。そして学問上の国際共通語、つまりラテン語を習得しておく必要はあっただろう。

コペルニクスの生きた時代

図2－1の地図には地名がポーランド語とドイツ語の二つで記されていることについて一言いっておこう。コペルニクスの母語はポーランド語だったと思われるが、おそらくドイツ語も解したであろう。というのもトルン市とドイツ騎士団は、密接な関係をも

図2－1　ワーミアの拡大図（カッコ内の地名はドイツ語読み）

っていた、というよりも、宿敵関係にあった。トルン市の旧市街と新市街の間に楔《くさび》を打ち込む形で騎士団の砦《とりで》があったからである。だからドイツ語は、幼いコペルニクスの耳にもなじんでいただろう。トルン市そのものがバイリンガルな町だった。

もともとドイツ騎士団は、聖地巡礼のドイツ人の警護と病人の世話を名目に、異教徒と戦うために一二世紀末にパレスチナで設立された団体だった（第三回十字軍遠征の時です）。しかし一四世紀には、異教徒のプロシャ人をキリスト教徒化するという名目でバルト海沿岸地域に進出してきていたのだった。地図2－1でワーミア司教区の場所を見ればわかるように、三方がドイツ騎士団領に囲まれており、騎士団側から見れば侵略しやすい地形だった。騎士団の侵略は止まず、ワーミアはポーランド王に庇護を求めた。こうしてポーランドと騎士団の戦闘は幾度となく繰り返されることになった。後年、コペルニクスも戦闘の当事者として戦争に巻き込まれていく。侵略と占領と抵抗と失地回復運動の繰り返しの結果として、支配権が移行するたびに、地名は支配者の言語に交替し続けたのである。

そしてコペルニクスの生きた一四七三年から一五四三年までの七〇年間をよりよく理

図2－2　コペルニクス関連の広域地図

解するために、時代背景となる主な項目を頭に入れておこう。まずは、大航海時代の到来。一四九二年はコロンブスがアメリカ大陸に到達した年だ（彼は西回りすることでインドに到達したと考えていたが）。マジェランの世界一周航海は、一五一九年に始まった。その二年前の一五一七年には、マルティン・ルターが九五箇条の提題を掲げて宗教改革を始めた。旧教のローマ・カトリック教会に対してプロテストをしたわけだ（だから新教徒はプロテスタントと呼ばれるようになるのだ）。そして一五世紀から一六世紀にかけては、古典文芸の復興となるルネサンスがイタリアを中心に展開されていた。この復興運動は科学の歴史にとっても重要だった。というのも、ギリシャやアラビアの科学書が新たに翻訳され、一五世紀の中葉に始まった活版印刷が中世以来の手写本文化に取って代わるようになり（印刷革命と言われる）、情報伝達手段は大きく変化した。地理的世界の拡大、宗教界すなわち精神世界における古い権威の衰退、情報革命は時代の大きなうねりを作り出した。その中でコペルニクス的転回は、これらを包み込む宇宙という舞台装置に大きな場面転換をもたらすことになる。

〈コラム〉宇宙の二球モデル

小中学生に戻ったつもりで天文学の初歩的知識を確認しながら、あわせて科学理論の一般的な特徴を見ておこう。

もっとも簡単な天文学の理論モデルで天文現象を考えてみる。二つの球の宇宙モデル（図3）。中心に静止する球が地球で、その周りに星をちりばめた非常に大きな透明な天の球（「恒星天球」という）を考え、これが東から西へ一日に一回転するとする。こうすると、地球上にいる観測者は星が東から昇って西へ沈むのが見えるだろう。昼と夜の繰り返しがこれで説明できる。そして昼と夜の違いは太陽によって生ずるのだから、この二球モデルに太陽を加えてみよう。太陽を観測してみれば、次のことが分かる。太陽の位置変化は、一日のうちでは他の星々と同じように東から西への移動であるが、一年間観測してみると、更にもう一つの運動をしていることがわかる（図4）。春分のときに太陽は真東から出て真西に沈み、夏になってくるとやや北寄りから出て高くのぼり、夏至《げし》の日に太陽は一番北側に寄り、頭上からカンカン照りつけ、昼間の時間は最も長い。そして秋分になると春分と同じように昼と夜の長さは同じようになり、それを過ぎて冬になると太陽は高くは昇らず、冬至《とうじ》の日に昼は最も短く夜は最も長い。

昼間は太陽の光にくらまされて星は見えない。しかし天空の地図となる星（恒星）が見えないと、太陽がどこに位置しているかを知ることはできない。だが、夜空に見える星座が季節によって変化しているのは分かる（オリオン座の三ツ星が冬にしか見えないことを知っている人は多いだろう）。星座の見え方がどのように変わっていくかを調べれば、恒星を背景とした太陽の年間運動がどのようなものかがわかる。

たとえば真夜中に頭上（天頂という）に見える星を観測すれば、その反対側（天底という）に太陽は位置しているはずだからである。こうして、太陽の通り道（黄道という）が天の赤道に対して23.5度傾いた大円であり、西から東へ一年かけてゆっくり回っている（一日に換算すると一度弱の運動なので気がつかない読者がいるかもしれない）ことがわかる。宇宙の二球モデルに黄道を書き込んで太陽の運動を組み込んだ理論にすれば、太陽の観測データを二球モデルで扱うことができる（厳密にいえば、太陽天球を組み込むので三球モデルになる）。つまり、太陽は東から出て西の空に沈み（日周運動）、翌日東方から出てくるときには年周運動で一度弱東に進んでいるので少し北寄りから出て、再び日周運動を繰り返す。こうして太陽はらせん状の軌跡を描きながら地球の周りを回転していくことになる。季節が移るにつれて、太陽はますます北寄りの位置から出没し、夏至を過ぎると今度は回帰して南寄りに出没するようになり、冬至では再び回帰して今度は北寄りに出没するようになり春分に至る。こうして、季節ごとの太陽の運動についての経験事実（観

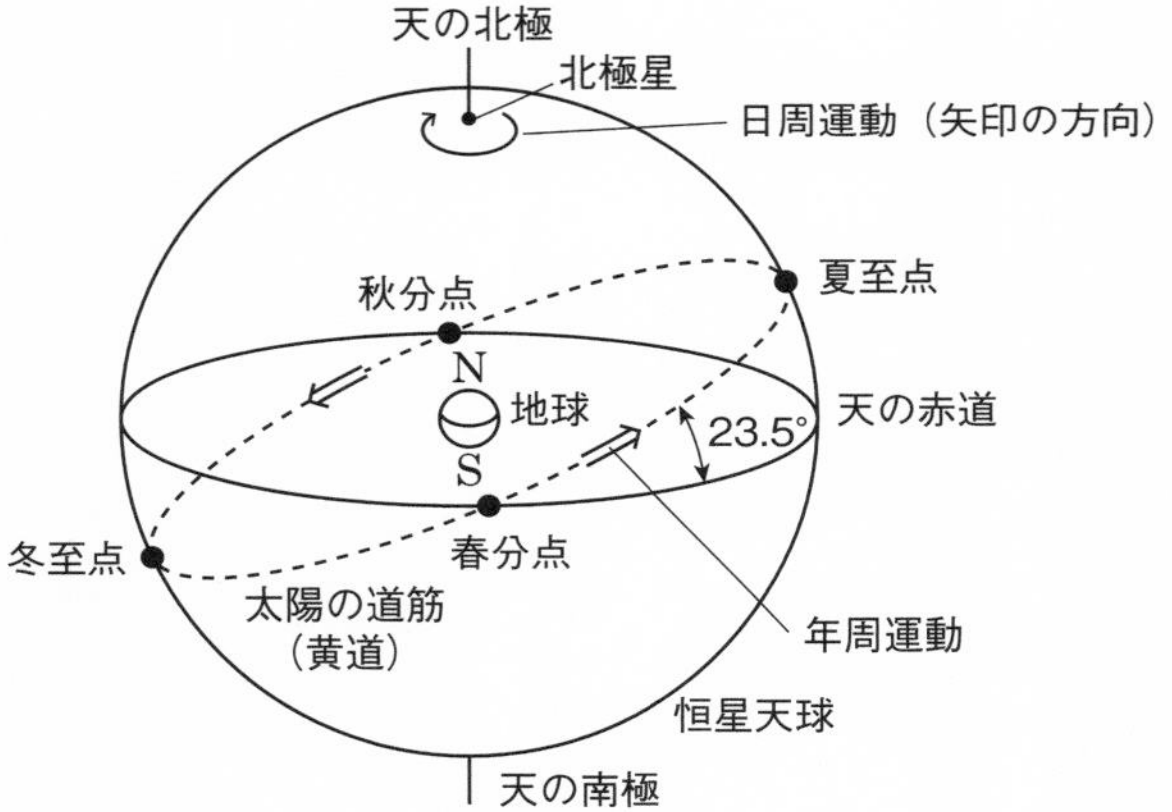

図3　宇宙の二球モデル

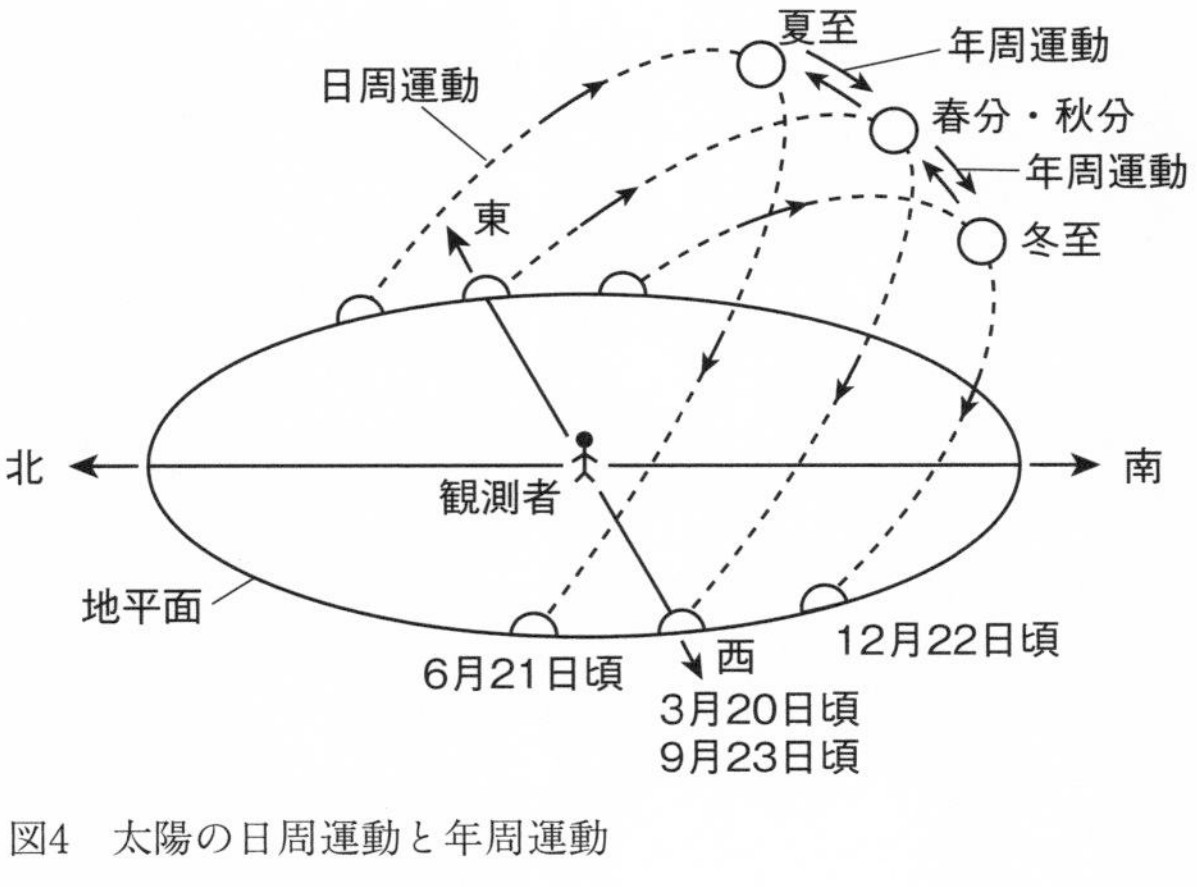

図4　太陽の日周運動と年周運動

測データ）をこの単純な天文理論は説明することができる。

これはすべての科学理論が備えている基本的な特徴である。まず、理論は個々のデータを要約する（つまり、膨大な量のデータを一個一個覚える必要はなくなる）。そして、現象の説明を提供する（なぜ？という質問に答えてくれる）。しかし、それだけではない。未知の現象を予測し、発見する能力も備えている。

この二球モデルを使えば、日本のような中緯度地方では春夏秋冬があるのは当たり前と思えても、地球上には四季のない場所もあり（赤道地方）、日の出や日没すらない場所（極地地方）が存在することや、南の方へどんどん進んでいくと今まで見えなかった星（たとえば南十字星）が見えてくることも予測できる。理論は新しい事実を発見させてくれるのである。発見機能を有することが、よくできた科学理論がもつ大きな特徴の一つである。これは事実が理論の予測通りになっている場合の話であるが、もし理論の予測通りになっていない場合には、もう一つ別の面の発見機能を示してくれる。

例を挙げて説明しよう。二球モデルでは星々の運行も太陽の運行も一定速度でなされると前提して理論が作られている。すると、春分〜夏至〜秋分〜冬至〜春分へ至る各時間は、理論的には、すべて同じ（一年の四分の一）であることになる。しかし観測してみれば、各時間は異なっていることが分かる。つまり、理論の不備を発見させてくれることによって、理論を修正する必要があることを示してくれるのである。

天文学に関心を寄せていた青年期

コペルニクスが一八歳となった一四九一年秋、彼と兄アンジェイはトルンを出立《しゅったつ》して古都クラクフへ向かった。クラクフは、日本の京都のような由緒ある町で、かつてはポーランド王の居城であったバヴェル城があり、政治・経済の中心都市だった。一三六四年、そこにクラクフ大学が設立され、やがてポーランド随一の名門大学となった。その大学へ入学するため、コペルニクスは兄とともにやって来たのである。おそらくこれは、二人の甥の将来を考えた叔父の配慮であったろう。学問を身につけさせることが将来の安定のために必要である、と思っていたばかりではない。二人の甥のどちらかを自分の後継者に育てることも考えていたにちがいない。

ヨーロッパで一番古い大学は、パリやボローニャにおいて一二世紀末から一三世紀にかけて成立した。今日の大学の教養課程に相当するのが学芸学部で、入学者全員はまずそこに入る。自由七学科〈文法学・修辞学・弁証論〈論理学〉の三科と幾何学・算術・天文学・音楽学の四科）を履修して、基礎的な素養を積む。一三世紀以降、学芸学部はアリストテレスの著作をカリキュラムの中核に据えるようになり、「アリストテレス哲学部」と形容されるほどに彼の哲学が支配的になった。そこでの学業を数年で終え、もし望むなら、上の学部へ進学した。理想的形態では、この上級学部は神学部と医学部と法学部の三つからなっていたが、この三学部がそろっていることは滅多になかった。また、神学部はフランスのパリ大学、医学部はイタリアのパドヴァ大学、法学部はイタリアのボローニャ大学というように、著名学部は大学によって異なっていた。中世に大学が成立して以来、各大学のカリキュラムと教育方法や内容には統一性があり、学生の国際的な移動は制度的に保障されていた。設立当初、クラクフ大学は学芸・医学・法学の三学部体制だったが、一三九八年には新たに神学部が加えられた。一四世紀に創設された他の多くの大学と同じように、大学創設者のカジミェジ大王の本来の意図は、国家にとって必要な法律家を養成することにあった。そしてポーランド・リトアニア連合王国が成立したヤギェヴォ王朝のヴワディスワフⅡ世（ポーランド王として在位は一三八四〜一四三四年）の頃に、大学は大きく発展した。ポーランド国内のみならず国外各地から多く

の学生を惹《ひ》きつけた。ハルトマン・シェーデルの『ニュルンベルク年代記』(一四九三年)の記述によれば、

クラクフには有名な大学がある。ここは、高い教育を受けた多くの非常に優れた人材を誇り、そのなかで雄弁術・詩・哲学それに自然学などの研究といったあらゆる種類の学芸への熟達が図られている。しかし中でも天文学は最高位にあり、誰に聞いても、ドイツにおいて天文学でここに優る学校はない。

つまり一五世紀末の時点では、法学部ではなく学芸学部の教育のほうが優れていると述べているのである。実際、ヨーロッパの他の大学と比べ、クラクフ大学が極めて例外的だったのは、天文学の教授を二名も擁していたことだった。その教育の成果は、クラクフ大学の出身者で他の大学の天文学の教授となった人が多いことに表れている。

コペルニクスが大学に入学したとき、学費を全額納入した記録は残っているが、在学中の記録は残っていない。何を専攻し、履習したかはわからないし、学位を取得したの

かどうかも不明である。しかし大学の評判からして、おそらく数学と天文学の講義は受けたと思われる。中世以来、大学での数学の基本テキストはエウクレイデスの『原論』、天文学はサクロボスコの初歩的教科書『天球について』、そしてやや進んだ教科書としてはカンパヌスの『惑星の理論』。古代ギリシャ以降、天文学の最高権威であるプトレマイオスの『アルマゲスト』（ギリシャ語の原題は「数学的総合」だが、アラビア語訳され「最大の［書］」と通称されるようになった）は専門的で難しすぎて、直接学ばれることはなく、その簡約版として作られたのが『惑星の理論』であった。そしてコペルニクスが天文学に人一倍関心を寄せていたことは、学生時代のものと推定される蔵書が明らかに示している。中世の一三世紀以来天体の位置を予測する天文表として定評を得ていた『アルフォンソ表』（一四九二年、ヴェネツィア版）、ルネサンスの代表的天文学者レギオモンタヌスの『三角関数表』（一四九〇年、アウクスブルク版）を所有していたからである。この二冊をバインドし、さらに最後に一六葉の白紙を付け足して（通称ウプサラ・ノート）、合本としている。この紙葉にコペルニクスは後代さまざまなメモを書き加えた。一度毎の惑星の緯度表、ポイアーバッハ（またはプールバッハ、一四二三〜六一）の「日月食の表」(一五一四年、ウィーン)からのコピー、一五〇〇年一月九日と三月四日の観測記録(月と土星の合の記録)。そして特に重要なのは、第一五葉裏への書込みであって、地動説の概要を記した「コメンタリオルス」執筆直前のものと推定されるが、それについては後述することにしよう。

天文学の教授の一人にブルジェフスキ(一四四五?〜九五)がいた。天文学においてもルネサンスの新しい波は押し寄せていた。ポイアーバッハは中世以来の天文学の伝統的な教科書『惑星の理論』を書き直して『惑星の新理論』を書いた。その新しい教科書の注釈書を書いたのがブルジェフスキだった。しかしコペルニクスが入学した一四九一年以降、彼は天文学の講義をしておらず、一四九三年にはアリストテレスの『天界論』などを講ずる教授職に移った。その講義は、ポイアーバッハの導きに従って、アリストテレスとプトレマイオスの宇宙論の矛盾を強調したものであったらしい。講義はしていなかったとしても、彼の注釈書はクラクフ大学で学び続けられていたので、コペルニクスもその注釈書の内容はよく知っていただろう。こうして天文学について、当時のヨーロッパにおける最前線の知識をコペルニクスはクラクフ大学在学時(一四九一〜九六)

に習得していただろうと思われる。

この間、叔父のワッツェンローデ司教は二人の甥のために、当時の慣例に従って縁故者登用の権利を行使していた。司教座聖堂参事会の定員一六人の中に、二人を押し込めようと画策していたのである。聖職禄が与えられ、一生安定した生活を保障される参事会員職。その人事決定権は、奇数月はローマ教皇庁に、偶数月は司教の手にあった。欠員の関係で紆余曲折《うよきょくせつ》はあったものの、一四九五年八月に参事会員職を手に入れ、公証人の記録によると、一四九七年一〇月一〇日、教皇庁から公式に認可された（兄の方は二年遅れて一四九九年に認可された）。参事会員から司教へ栄達した叔父のように、社会的地位を向上させる道はこうして開かれた。コペルニクスの前途は洋々としていた。あとは彼が叔父の敷いた路線を歩むかどうかにかかっていた。しかしコペルニクスにとって決断する時はまだ来ていなかったようだ。今しばらくは叔父の路線に従っていく。

イタリアで法学、さらに医学を学ぶ

参事会員は教会法に通じていなければならなかった。叔父は二人の甥に自分と同じ学歴を与えようと考え、法学で令名の高いイタリアのボローニャ大学に留学させることにした。一四九七年一月七日、ボローニャ大学の最も有力な同郷会であった「ドイツ同郷会」（と言っても緩やかな意味の「ドイツ」で、この中には、デンマーク、リトアニア、ポーランド、スウェーデンなどさまざまな出身の人びとが含まれる）に入会している。前述の公証人記録によるとコペルニクスは「ワーミアの参事会員、教会法を学ぶボローニャの学生」と記載されているが、大学では、教会法とあわせローマ法も学んだようである。この大学には一五〇一年まで在学していた。

ボローニャ大学には、天文学教授としてレギオモンタヌスの弟子であったドメニコ・マリア・ノヴァーラ（一四五四〜一五〇四）がいた。彼はプトレマイオスの権威を疑問視していたようである。地中海のさまざまな地域の緯度は、プトレマイオスの『地理学』のものよりも一度一〇分大きいとし、そこから地軸の微小運動を考えたといわれている。コペルニクスの唯一の弟子レティクス（後述）の『第一解説』の報告によると、コペルニクスは彼と一緒に生活し、「学生というよりも助手として、また観測の証人として」遇されたといわれている。コペルニクスの現存する最古の観測記録（アルデバランの星食）がボローニャで、一四九七年三月九日になされていることから見ても、天文学研究が彼の関心事であったことは間違いない。表向きは法学の研究をしながら、天文学の研究にのめり込んでいく姿を想像することができる。またギリシャ語もこの頃同大学の教授アントニオ・ウルチェオ・コドロ（一四四六〜一五〇〇）から（私的に）学んだと思われる。これは将来ギリシャの文献、とくに天文学を原典から学ぼうとすることを考えていたからにちがいない。将来の必要を予測し、そのための準備を早くからしておくだけの能力と意思を、この若者はもっていた。

一五〇〇年、コペルニクスはローマに姿を現わしている。「ヨベルの年」にあたるこの聖年に、カトリック教会ではローマ巡礼者には特別の恩赦が与えられたので、全キリスト教界からローマに巡礼が集まり、盛大な祝祭が催された。コペルニクスもこの機会にローマ巡礼に出かけたのであろう。しかしそれだけではない。一一月六日にはローマで月食を観測し、また数学（＝天文学）について講義をしたことが知られている。日月食や星食といったイベント的な天文現象の観測は機会を逃さず続けており、天文学の学びもかなり進展していたのだろう。

その後故郷に一時帰国し、一五〇一年七月二八日、フロンボルク（ドイツ語読みでフラウエンブルク）にある司教座聖堂参事会へ出頭した。参事会の公文書はその経緯の大要を次のように記している。

ワーミアの参事会員であるニコラウスとアンドレアス・コッペルニックの二人の兄弟は、ワーミア参事会の会議に出頭した。参事会の了承を得てすでに三年間勉学してきたニコラウスは、勉学を全うするために更に二年間期限を延長する許可を求めた。アンドレアスは勉学を始めるための許可を求めた。参事会は認可した。というのも、将来、司教と参事会メンバーの医学顧問として仕えることができるようになるために、ニコラウスは医学を学ぶことを約束したからである。またアンドレアスもその求めを許可された。

兄弟二人の勉学には大きな差ができてしまっていたことがうかがえる（向き、不向きがあるのかな?）。参事会の期待は、そしておそらく叔父の司教の期待も、兄ではなく弟のほうにかかっていただろう。とにかく更に二年間勉学する許可を得たので、再びイタリアへ戻ることになった。今度は、医学をも勉強するという名目だから、有名な医学部をもつパドヴァ大学に入った。しかし医学の学位を取るためには三年間勉強しなければならなかったから、学位を取るつもりはなかったはずである。

そして医学を勉強することは、天文学と無縁ではなかった。当時の医学は、二世紀のローマ人医師ガレノスの教えに基づくものだった。それによれば、人間の健康は四種類の体液（血液、粘液、黒胆汁、黄胆汁）のバランスにかかっている。そして各体液は基本的な四つの性質（熱と冷、乾と湿）の組合せからなっていた。たとえば、患者が熱を出したときは、熱・湿の組合せである血液が多すぎるので、バランスを保つため、血液を体外にだす治療法がとられた（瀉血《しゃけつ》と言う）。そして当時、人体の各器官はそれぞれ特定の惑星や黄道一二宮に支配される、とみなされていた。図5で動物等の図像は黄道一二宮を示し、各宮がもつ性質と人体の瀉血部位の関連を示している。たとえば、頭の上に描かれた羊は「白羊宮」を表し、その性質は「熱・乾」の組合せで、急性吐瀉症と関係し、瀉血部位は額である（他の宮についても同じような記述様式）。病気となった時点で

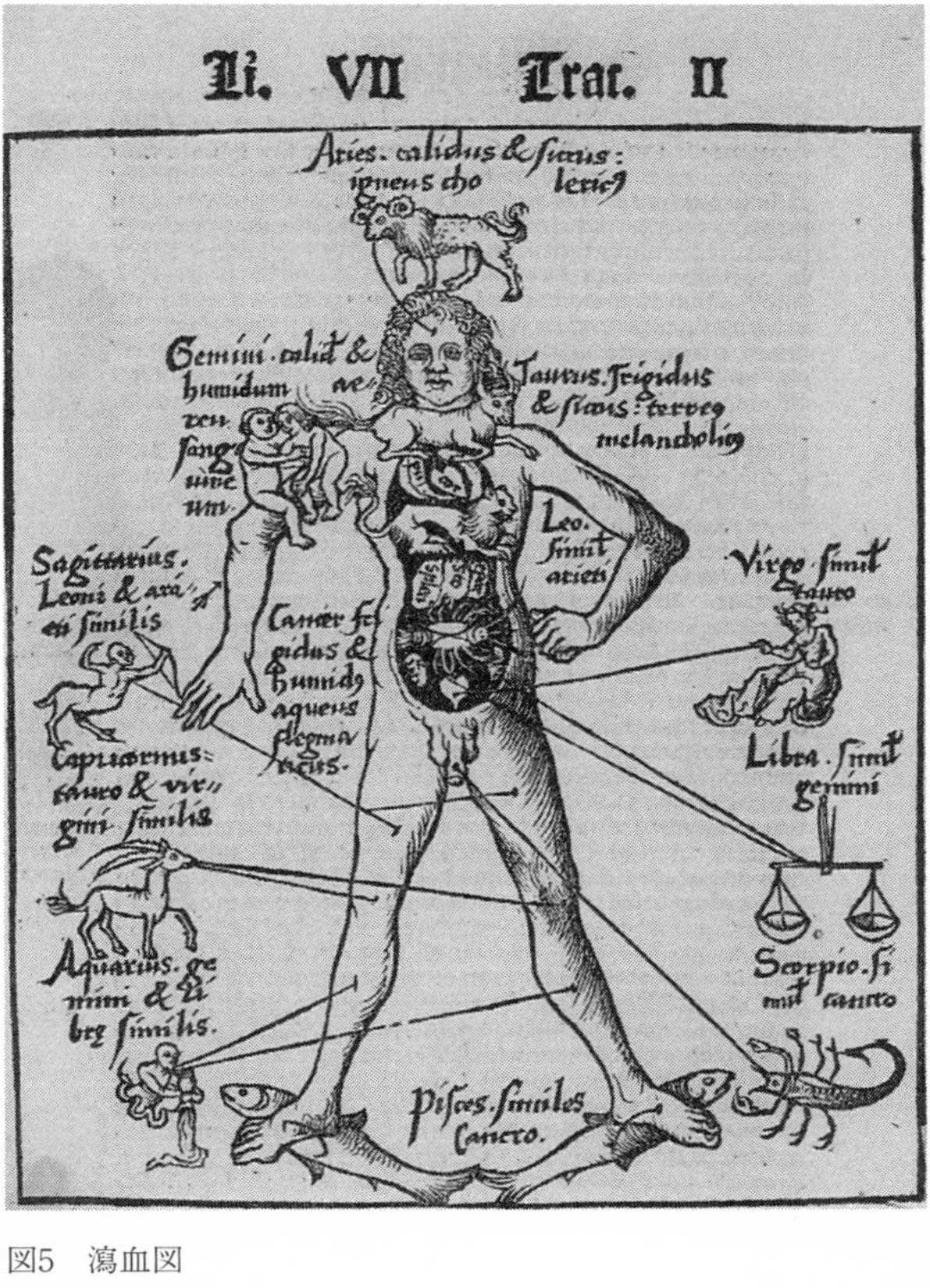
Li. VII Trac. II
Aries.
Leo. simit arieti
Virgo simit tauro
Pisces. similes Cancro.

図5　瀉血図

支配的な宮は何であるかを知り、「いつ」「どの部位」から瀉血するのが良いのかを知らねばならない。そのためには、医療占星術の知識が必要だった。だから、医学部に占星術の教授がいるのは不思議なことではなかった。

ここで蛇足ながら一言。占星術と聞いて、インチキな星占いのことを考えてはいけない。日本語の「占星術」に対応する英語は astrology。その語源は「astro+logy」で、直訳すれば「星の学問」。psychology や sociology など -logy のついた英単語を思い浮かべるとわかるように、由緒正しい名前をもっている。その占星術という学問を介して、医学は天文学と密接につながっていた。それどころか歴史的に、占星術は「天文学(astronomy)の育ての親」とさえ見なされてきた。だから、コペルニクスも医学教育の一環として占星術の講義を聞いて、一通りの知識は持っていただろう。ただし、どの程度実践したかは資料が残っていないので不明なのは残念。しかしコペルニクスのパドヴァ留学を逆に考えれば、天文学の研究を継続するための口実として、コペルニクスは医学を学ぶことを参事会に許可申請をしたのかもしれない、と考えることもできる。

天文学のための基盤を深めた留学時代

そして後のコペルニクスの天文学の展開にとって重要なパドヴァの知的雰囲気を述べておこう。コペルニクスが留学したころ、パドヴァ大学にはラディカルなアリストテレス主義を支持する哲学者たちが多かった。その知的起源は、一二世紀にスペインで活躍したアラビア人イブン・ルシュド（ラテン名アヴェロエス）にあり、彼はアリストテレス哲学を純化することに力を注ぎ、多くの注釈書を書いた。中世のラテン世界で、アリストテレスが「あの哲学者」（大文字でPhilosophus）と称されたのに対し、アヴェロエスは「あの注釈者」（Commentator）と称されるほどの権威を獲得した。天文学の原理である「一様円運動」を厳密に理解して同心天球説を採用したアリストテレスに忠実に従い、注釈者は天文学について、地球以外の想像上の点の周りを回る円を使って天文理論を作ることを禁じ、「現在の天文学（＝プトレマイオス説）は実在的には無意味だが、実在しないものを計算するには好都合である」とし、数学的虚構としてのプトレマイオス説に一定の利点は認めたが、「自然学的基礎に立つ真の天文学」へと立ち返って、「天文現象に合致するだけ沢山の極をもつ単一天球の運動」によって理論が樹立される必要性を説いた。

このアヴェロエスの考えは、現在の私たちには奇妙に見えるかもしれない。天文学は数学ではなく物理学の一分野に決まっているじゃないかと思うかもしれないが、昔はそうではなかった。天文現象へのアプローチについては、二つの対立する立場があった。それは、自然哲学（あるいは自然学）vs. 数学といってもいいし、宇宙論 vs. 位置計算天文学、あるいはもっと具体的にアリストテレス的な同心天球説 vs. プトレマイオス流の天文学といってもよい。この対立的な二つの立場は、コペルニクスの主著『天球回転論』をめぐって再燃することになる。詳しくは後程見ることにして、補足をひとつ。天文学を物理学の一部門とする現代の常識を形成したのは、コペルニクスの次の時代のケプラー。天体を動かす力の概念を天文学に導入したことがケプラーの大きな業績である。

コペルニクスのパドヴァ滞在期に、プトレマイオスの計算天文学に対抗する理論は、新たなタイプの同心天球説として彼の前に姿を現すことになる。パドヴァ大学関係者の中には、同心天球のみを使ってアリストテレス的天文学を再興しようとした人々が多く見出されるのである。アレッサンドロ・アキリーニ（?～一五一二）、ジョヴァンニ・バッティスタ・デッラ・トーレ（?〜一五三四）、若くして暗殺されたジョヴァンニ・バッティスタ・アミーコ（一五一一／一二〜三八）、医学者としてむしろ名を馳せたジローラモ・フラカストロ（一四七八頃〜一五五三）といった人々である。アミーコの著作『ペリパトス派（これはアリストテレス派の通称です）の諸原理に従い、離心円も周転円も使わない天体運動論』は一五三六年（ヴェネツィア、増補改訂版、一五三七年）に刊行され、フラカストロの著作『同心天球説あるいは星について』は一五三八年に刊行されるが、彼らの理論的成果の発表はコペルニクスがパドヴァを去ったあとであるとはいえ、パドヴァのアヴェロエス主義者とコペルニクスの接触は十分に想定可能である。たとえば、コペルニクスのパドヴァ大学在学時、梅毒の研究で医学者として名を残すことになるフラカストロは一五〇一年から一五〇八年まで論理学の教授であった。医学と天文学に関心をもつこの二人が、伝統的なプトレマイオス天文学の問題点について意見を交わした可能性は大きいだろう。

またルネサンスの百科全書的著作家ジョルジョ・ヴァッラの『追求すべきものと回避すべきものについて』は、コペルニクスが丁度パドヴァにやってきた一五〇一年にヴェネツィアで刊行された。パドヴァはヴェネツィア共和国の大学町であり、コペルニクスがヴァッラのこの本を『天球回転論』執筆の情報源として利用したことは明らかなので、早速この本を入手して読破したと思われる。現在の頁《ページ》数に換算するとA3で一三〇〇頁にも及ぶこの分厚い本には、ギリシャの哲学や科学の成果がふんだんに盛り込まれていた。コペルニクスのパドヴァ留学時代は、彼の学問的生涯に決定的な影響を与えたように思われる。フロンボルクの聖堂参事会に留学延長願を出しただけの成果は確かにあった。ただし、それは医学研究における成果ではなく、数学や天文学や自然哲学の研究における成果だったことは、聖堂参事会の与《あずか》り知らぬことだったであろうが。

六年間にわたるイタリア留学は、約束通り、一五〇三年に終りを迎えた。五月三一日、コペルニクスはイタリアのフェラーラ大学で教会法博士の学位を取得した。叔父の期待通りの箔《はく》を付けておいたということだろう。長期間滞在したボローニャやパドヴァではなくフェラーラで学位を取った理由は、論文提出費、試験官への贈物、学位授与後の祝宴費用など学位取得にまつわる費用を節約するためであり、当時の貧乏学生の慣例に従ったまでのことだと推測されている。しかし私は、コペルニクスの天文学研究との関連で、もう一つ別の推測も可能ではないかと考えている。コペルニクスの理論形成にとって重要な情報源のひとつはヴァッラの著作であり、一五〇〇年に亡くなったヴァッラの蔵書（ギリシャ語原典写本を含む貴重なもの）は、フェラーラ公であるエステ家のアルフォンソ二世のコレクションに加えられていたという事実がある。ヴァッラ所蔵のギリシャ語写本に直接アクセスして、パドヴァで流布《るふ》し伝聞で知っていた知識を確実にしておこうと考えたのかもしれない。

話のついでに、コペルニクスのもう一つの重要情報源についてやや詳しく述べておこう。ポイアーバッハの弟子レギオモンタヌス（ラテン名。ドイツ名はヨハン・ミュラー、一四三六～七六）のことである。早世した師の意志を継いで、一四六一年、レギオモンタヌスはベッサリオン枢機卿《すうききょう》とイタリアへギリシャ語写本の探索に出かけた。その後、ハンガリーへも旅したが、一四七一年以降はニュルンベルクに居を定めた。渉猟したさまざまな天文学と数学の文献を出版するために自ら印刷所を経営し、また天文台ももっていた。彼は学問革新の雄大な構想をもっていた。それは一四七四年に印刷された出版予告リストから明らかである。自らの著述二三点、他の人の著述二九点、天文観測用器具などを網羅している。このうち現実に出版されたのは五分の一に満たないが、彼の構想では、プトレマイオスの『地理学』と『アルマゲスト』の新訳、同じ著者による『光学』と占星術の古典『テトラビブロス』、アレクサンドリアのテオンの『アルマゲスト注釈』、プロクロスの『天文学の諸仮説』、テオドシオスの『球面学』、アポロニオスの『円錐《えんすい》曲線論』、その他を含み、自己の著述としては、近刊の二点『新暦』と『天体位置推算暦』(一四七四年刊行。一四七五年から一五〇六年までの日毎の天体位置を示したもので、コロンブスが利用したことで著名)を除き、著述予定群の中に、彼の代表作となる『アルマゲスト綱要』の書名もある。師と同様、早逝してしまったために、レギオモンタヌスは自らの手で学問革新を実現しえなかったが、後代の人々に刺激と指針を与えることになった。

話を『アルマゲスト』に限っても、最初の印刷本が一五一五年にヴェネツィアで出版され(中世のクレモーナのゲラルドゥス訳に基づく。コペルニクスも所蔵)、一五二八年にはトレビゾンドのゲオルギオスによるギリシャ語からの訳が出版され、ついに一五三八年、ギリシャ語原典がバーゼルで、レギオモンタヌス所蔵の写本よりグリュナイオスとカメラリウスの手によって刊行されたのである。コペルニクスの主著『天球回転論』の出版が一五四三年であるから、その直前の頃まで『アルマゲスト』復興の時代だった。

レギオモンタヌスの死後二〇年目（一四九六年）に、『アルマゲスト綱要』はヴェネツィアで刊行された。天文学者、特にコペルニクスへの影響には大きいものがある。この書は、師ポイアーバッハが第一巻から第六巻まで書き上げていたものに加筆し、さらに第七巻から第一三巻まで書き足して仕上げられたものであり、ルネサンスを代表する天文学者の共著である。この中で、レギオモンタヌスは『アルマゲスト』の内容を解説するばかりでなく、後代の観測・計算法の改訂・批判的考察を加えている。コペルニクスの愛読書であったことが確実であるだけに、プトレマイオスの惑星理論における太陽の位置の重要性の指摘、およびプトレマイオスの月理論の欠陥の指摘など、レギオモンタヌスの批判精神には注目すべきものがある。

〈コラム〉プトレマイオス説の概要

ここでコペルニクスの地動説（太陽中心説、heliocentric theory）の直接の競争相手となったプトレマイオスの天動説（地球中心説、geocentric theory）について簡単に説明しておこう。日本では地動説、天動説という言い方が広まっているので、今までそれに倣ってきたが、西欧語では「何を中心として回転するか」という言い方をする。そしてこの方が正確である。というのも、地球には少なくとも自転と公転の二つの運動があり、コペルニクス的転回で重要なのは「公転」のほうであることが明瞭になっているからである。

天文理論で課題とされたのは「惑星」の運動をどう説明するかである。日本語の「惑星あるいは遊星」に対応する英単語はplanetで、それはギリシャ語のplanetesに由来し、「放浪者」を意味する。だから古代中世以来、「惑星」というのは恒星（英語ではfixed starといい、「固定された星」を意味する）に対して運動する星のことで、水星から土星までの五惑星（天王星以下の惑星は一九世紀以降に発見されたので除外しておく）のほかに太陽や月も「惑星」の一員であった。この七つの惑星に共通するのは、西から東へ固有の周期で恒星の間を回転しているものの（順行と言う。前のコラムで、太陽について述べた運動）、その速さは一定ではないことである（第一変則性）。そして五惑星はさらに複雑な運動をする（第二変則性）。ずっと順行していたかと思うと、立ち止まり（留《りゅう》）、今度は東から西へ逆向きにしばらく運動し（逆行）、再び留となって、通常の順行へと戻る。

古代ギリシャ以来、天文理論は「一様円運動」を原理として理論構成されてきた。しかし、一個の円運動だけでは順行だけしか表現できない。そこで、逆行運動を説明するためにもう一つの円を用いることになった。地球を中心とする円（導円という）の上にもう一つの円（周転円という）を乗せ、その円の上を惑星が一定のスピードで回るという工夫である。これがプトレマイオスの基本モデルであり、その詳細は図6（49頁）とその説明を見ていただきたい。

読んでみると、なかなか見事な逆行現象の説明だ、と思ったのではないかな。しかしその一方、地球が太陽の周りを公転する太陽系モデルに慣れすぎたわれわれには、その説明が何かしら人為的で、偶然うまくいったかのような印象を与えるかもしれない。

ここで皆さんに二つの質問。YESかNOで答えてください。

［問一］「基本モデルで説明できる惑星現象はすべて太陽系モデルで説明できる。」
［問二］はその逆で、「太陽系モデルで説明できる惑星現象はすべて基本モデルで説明できる。」

地動説が正しくて天動説は間違っているのだから、問一の答えはYESで、問二のほうはNOと思った人は、残念ながら、ブッブーッ（またもや不正解の擬音）。両方とも答えはYES。基本モデルによる説明は、単純な太陽系モデルがうまくいくのとまったく同じ程度に、うまく現象の説明を与えるからだ。その秘密は、この基本モデルが太陽系モデルと幾何学的に等価になっている点にある。これは非常に大切な点なので、読者はしっかりと頭に留《と》めていただきたい。

このことを納得してもらうために、われわれに馴染《なじ》みの太陽系モデルに幾何学的な変換をほどこして基本モデルにしてみよう。二つのモデルの大きな違いは、地球が動いている（つまり、太陽は静止している）か、地球が静止している（つまり、太陽は動いている）かだから、変換するためには、太陽を動かして地球を止めた状況を考えればよい。それは簡単にできる。地球Oを静止させ、その周りに同じ半径の円を書いて太陽Sを同じ回転方向で動かせばよい。この準備ができれば、内惑星の場合には図7－1（51頁）に示すように、外惑星の場合には図7－2に示すように、太陽系モデル(a)から、中間的段階(b)を経て、基本モデル(c)に至る様子は、一見して明らかであろう（コペルニクスが逆の段階を経て太陽系モデルに至る様子は次の章で述べる）。

太陽系モデルの立場で基本モデルがうまくいく理由を述べれば、外惑星の場合にはその周転円に、内惑星の場合にはその導円に、地球の公転運動が反映されているのである。したがって、プトレマイオスの基本モデルがたまたまうまくいった理論なのでは決してない

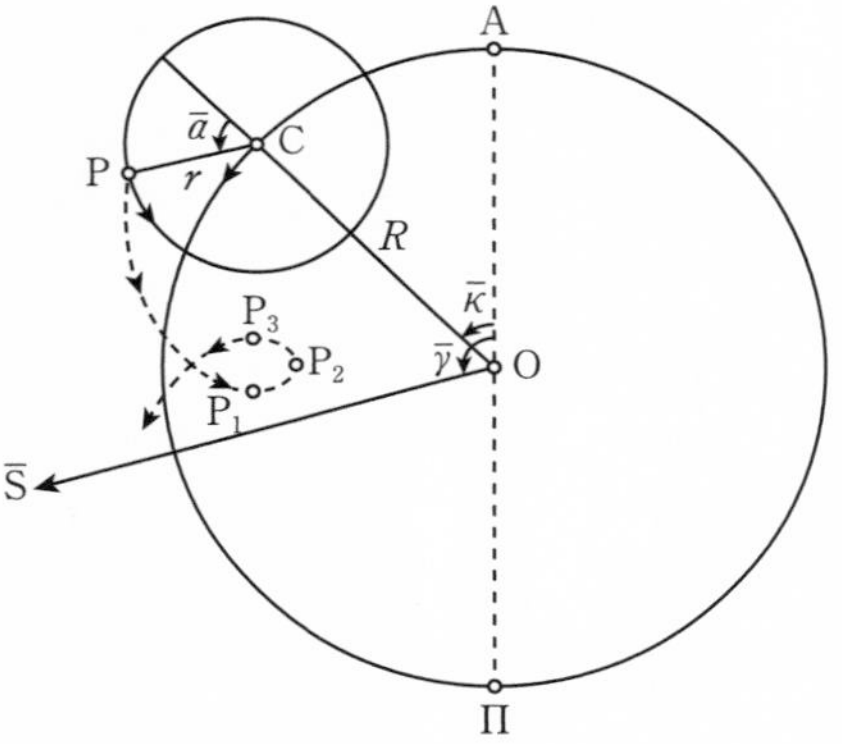

図6　プトレマイオスの基本モデル。惑星Pは、点Cを中心として半径rの周転円上を矢印の向きに一様回転し、一方点Cは、地球Oを中心とする半径Rの導円上を矢印の向き（東進方向）に一様回転、つまり一定のスピードで回転する。点P、Cの回転速度と各円の半径を観測データとうまく合うようにとると、2円の合成運動は、点線に示すように、ループをもった曲線になる（ループの大きさは誇張してある）。このループ上を惑星Pが進むと、その順行速度は徐々に減じ、点P_1で最初の留となり、次にP_1からP_3まで逆行（西進運動）し、P_3での第2の留を経て再び順行する様子が見て取れるだろう。現在は「外惑星」と呼んでいる火星・木星・土星の3惑星の場合、$\bar{\gamma}=\bar{\kappa}+\bar{a}$となるので、CPは地球から見た太陽方向$O\bar{S}$と常に平行となる。「内惑星」の金星と水星の場合には、$\bar{\gamma}=\bar{\kappa}$となるので、周転円の中心Cは常に$O\bar{S}$上にある。また惑星の地心距離OPも刻々と変化し、逆行の真最中のP_2のとき、最小距離になっている。これは、惑星が逆行しているときに一番明るく輝いていることに対応している。惑星の速度や距離の変化はこのように説明される。この基本モデルに変更を加え、導円面と周転円面に角度をつけて互いに傾かせると、黄道面からずれたさまざまな形の逆行弧を作り出すことが可能となる。

ことが明らかになったであろう。基本モデルは本来うまくいくはずの理論であった。それを保証したのが、両モデルの幾何学的等価性なのである。

この基本モデルからうかがえるプトレマイオス天文学の特徴をいくつか述べておこう。彼の天文学の代表作『アルマゲスト』（この偉大な学者には天文学の他に、光学、地理学、占星術の大著がある）において、惑星理論は一つ一つ個別に展開されている。このことが典型的に表れているのは、各惑星において導円の大きさはすべて半径60と設定されたうえで、周転円の大きさが決定されていることである。だから、土星の導円を半径60としたときに、木星の導円の相対的な大きさはいくらになるのかは分からないままに、あるいは不問にしたまま、理論が作られている。『アルマゲスト』は個々の惑星理論の寄せ集めで、全体として宇宙はどうなっているのかは分からない仕組みなのだ。厳密にいえば、『アルマゲスト』には、宇宙体系は提示されていない。そして暦を作るうえでは、宇宙体系（つまり、惑星の絶対距離）が分からなくても、惑星がどの方向に見えるか（つまり、角距離）が決定できればよかったからである。

個々の惑星理論の寄せ集めに過ぎない『アルマゲスト』であっても、すべての惑星理論と関係している「惑星」が一つだけある。これがプトレマイオス天文学の第二の特徴として述べておきたい点だ。その惑星とは……太陽。図7をもう一度見てもらうと、内惑星の

地動説(a)と天動説(c)の幾何学的等価性。
(a)図で、静止する太陽$\overline{S}$の周りを公転する地球Oにいる観測者には、地球が動くにつれ太陽の見える方向は変化してくるから、天動説に変換するには、Oを止めて$\overline{S}$を同じ半径の円上に動かせばよい。すると、円の上に円が乗った(b)図になる（静止するOの周りを$\overline{S}$が回り、その$\overline{S}$の周りを惑星Pが回る）。しかしプトレマイオスの天動説の基本モデルが(c)図のようになるのは、惑星までの絶対距離が決められなかったため、OC（そしてCP）と$O\overline{S}$の長さの関係は未確定で、ただ$\overline{S}$の方向だけが確定しているからである。(c)図のOC（あるいはCP）の長さは、(b)図の$O\overline{S}$の長さと必ずしも同じにはならないことに注意。なお図7－2の(b)から(c)への移行は、大きい円（導円）の上に小さい円（周転円）を乗せる工夫です。

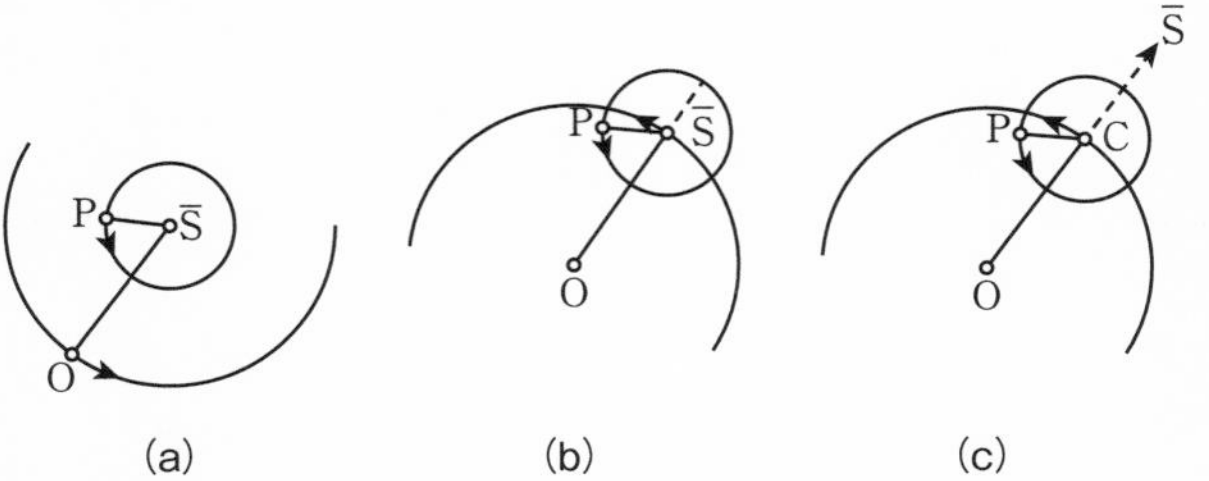

図7－1　内惑星。図(a)で $P\overline{S}<\overline{S}O$ のとき

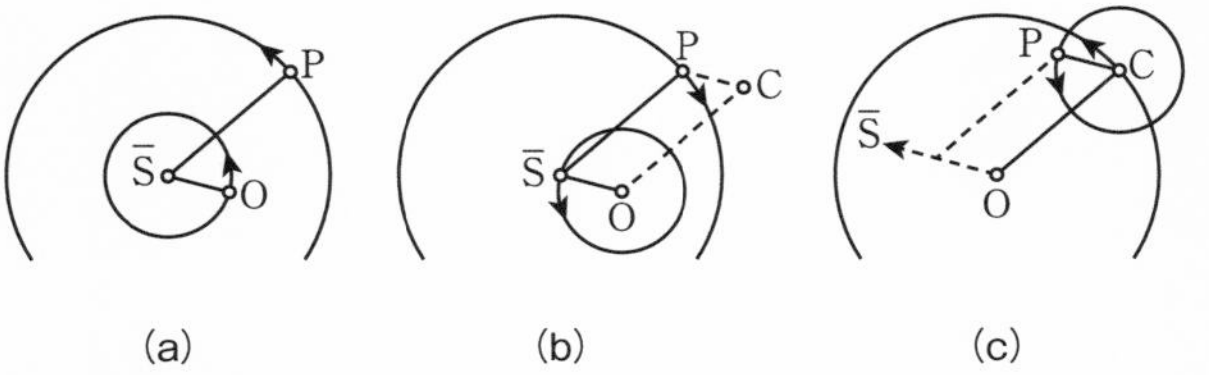

図7－2　外惑星。図(a)で $P\overline{S}>\overline{S}O$ のとき

場合、周転円の中心Cは地球から太陽を見た方向にあり、外惑星の場合、周転円の中心と惑星を結ぶ線CPは太陽の見える方向OSと平行になっていた。こうして太陽は、暗黙的にではあるが、すべての惑星理論に顔を出している。地球中心説（天動説）においても、太陽中心説（地動説）に劣らず、太陽は枢要な役割を担っていたのだ。

第二章　留学帰りの聖堂参事会員兼医師の重要な余技

医師コペルニクス

六年間のイタリア留学を終えて、一五〇三年、コペルニクスはワーミア司教区に戻ってきた。そして聖堂参事会員の実務についてから、短期間にわたる二、三の例外は除き、二度と「この地の最果て」（『天球回転論』の序文）を出ることはなかった。参事会員は司教を補佐し、司教区の行政・司法・立法の全般に関与した。参事会員としてコペルニクスは本格的に活動を開始した。実務をこなしながら、留学帰りの青年が歩んだ道をたどっていくことにしよう。

帰国後から一五一〇年頃までは、叔父のワッツェンローデ司教に秘書官として仕え、参事会の拠点となるフロンボルクの大聖堂ではなく、司教の居城のあるリズバルク（ドイツ名はハイルスベルク）にいた。一五〇七年一月七日には叔父である司教の健康管理の付加俸給として年額一五マルクを与えられる契約がなされているから、医者としても仕えていたことが分かる。

ここで医師コペルニクスの活動に触れておこう。叔父を含め歴代司教四人のかかりつけの医者であったばかりでなく、同僚の参事会員、司教区の領民の医療にもあたった。一五四一年六月には、プロシャのアルブレヒト公に乞われて、友人の治療のためにケーニヒスベルクに赴いたというから、医者としてかなり信頼を受けていたと思われる。医学上の著述は一つもないので彼の医学思想は明らかではないが、ユークリッド『原論』(一四九二年の初版本)の裏表紙に記された処方箋や所蔵の医学書への書き込みから見ると、伝統的な治療を行なったにすぎないようである。コペルニクスの書き込みをいくつか見てみると、

「御柳《ぎょりゅう》の根の汁を膿疱《のうほう》に一滴注入すると、ライ病治療に役立つ」
「狂犬にかまれた患者の発病を防ぐ処方は、ユスティニアヌス法典のサファイアの項目を見よ」
「果樹のヤニをとり、ビールで三回煮出し、食中に飲めば足指痛風に効く」

「体の麻痺《まひ》の治療——サルビアの葉を煎じる。ヘンルーダ（ミカン科の多年草）、ビーバ香を加えブドウ酒で煮て飲む」
「樫《かし》の没食子《もっしょくし》（若枝に虫が産卵してできる虫こぶ）からとった汁は洗浄に用いると瘻《こぶ》や潰瘍《かいよう》に効く」

しかし、医師としての自覚とプライドとをもっていたことは、はからずも彼の自画像が示している。コペルニクス直筆の絵は残っていないが、幸運なことに、スイスの画家トビアス・シュティンマーが模写したものが、フランス・アルザス地方のシュトラスブルクのノートルダム大聖堂にある。高さは優に一八メートルもある有名な天文時計の左側の三層の中段に、コペルニクスの自画像が掲げられている（図8）。この絵の中のラテン語文には「自画像から模写されたニコラウス・コペルニクスの真の肖像」とある。絵については全くの素人である私にも、コペルニクスの絵の腕前はなかなかなものとみえる。温厚な人柄がにじみ出てくるようだ、と言ったら、贔屓《ひいき》の引き倒しになるだろうか。私の感想はさておき、彼が左手に持っているのはスズランであり、それは傷薬・鎮痛剤としての薬効のゆえに、医者の象徴だった。天文学者として名が知られるようになった後代の肖像画では、天球儀を持つようになるのとは対照的である。天文学者よりも医師のほうが社会的地位が高かったということがあったかもしれない（当時の大学制度では、天文学の専門学部はなかったが、医学には専門学部があったことを思い出してもらいたい）。

コペルニクスの肖像が話題になったので、余談を一つ。コペルニクスが亡くなって（一五四三年）、どこに埋葬されたかは長い間謎だった。二〇〇五年、フロンボルク大聖堂から発掘された遺骸によって、その謎は解決された。頭蓋骨に残っていた一本の歯と彼の所蔵本に挟まれた二本の髪の毛をＤＮＡ分析した結果、遺骸はコペルニクスのものだと確認されたのである。ポーランド警察の法医学センターが頭蓋骨から復顔作業をした結果は、インターネットで公開されているので、「コペルニクス、遺骸」で検索してみるとよい。私としては、復元された老境の肖像よりも、若い頃の自画像のほうがはるかにコペルニクスらしく思えるのだが……。

図8　コペルニクス自画像
（トビアス・シュティンマーの模写）

司教の秘書官として働く

コペルニクスは司教の秘書官として仕えてもいたから、外交使節として叔父に随行することも重要な職務であった。ワーミア司教にとって大きな政治的問題は、ドイツ騎士団の脅威をどのように軽減するかだった。そしてこれはポーランド王国とドイツ騎士団の争いというもっと大きな外交問題と絡んでいた。

一三世紀にバルト海沿岸のプロシャ諸国に進出したドイツ騎士団は、異教徒を改宗させるという名目のもと、自分たちの言語（ドイツ語）とカトリック信仰を押し付けた。彼らの行動については、「口は神の御名を唱え、手は血塗られ、財布には金をつめこんで」いたと語る記録が残っているほど凄《すさ》まじいものだった。

プロシャ地方の征服地は、ローマ教皇庁の権威のもと、三つの司教管区に分割された。それぞれの管区の土地は、三分の二が騎士団領、三分の一が司教領に分配された（この一部が参事会の取り分となる）。騎士団の侵略と圧政に対する闘争がプロシャ連盟（ワーミアもこれに加わっていた）をポーランド王国との連帯に導くことになる。騎士団という共通の敵が両者を結び付けるのである。

ポーランドと騎士団の戦争は幾度となく繰り返された。第一次戦争は一三二六〜三二年（このときはリトアニアとハンガリーを巻き込んだ）、ポーランド・リトアニア連合王国との戦争は一四〇九〜一一年、第二次戦争は一四三一〜三五年、一四五四〜六六年は俗に「一三年戦争」と呼ばれ、戦争の終結した一四六六年に第二次トルン和平条約が結ばれ、ワーミアを含むプロシャ地方全域がポーランド王国に編入された。このときにコペルニクスの父は、トルンの富裕な商人として、ポーランド側に戦費を拠出している。そしてコペルニクス本人が戦闘に巻き込まれたのは、一五一九〜二一年の第三次戦争のときである。この戦争はポーランド側の勝利で終わり、一五二五年、騎士団は世俗のプロイセン公国（初代はプロテスタントのアルブレヒト・ホーエンツォレルン公）へと変貌し、騎士団の脅威は消滅した。

国家間の係争に巻き込まれた中にあって、ワッツェンローデ司教はワーミアの最高指導者として政治的手腕を発揮したようだ。彼に対する敵対側の評価は「唇に笑みを浮かべることのない、陰気な人物」で「騎士団に最も冷酷に敵対した一族の出である大裏切り者で、全く節操のない悪魔の化身」というものであったのに対し、ポーランド側の評価は「わが王国の最も勇気ある砦《とりで》であり、王国の最も忠実な市民」であった。敵対する両者の評価が裏腹であることは、叔父のワッツェンローデ司教が政治的才覚に優れた指導者であったことを示しているだろう。

その精力的な活動ぶりは次の記述の中に生き生きと示されている。

「司教の日常はたいへん精力的だった。[ポーランド] 共和国の元老院議員として、[ポーランド] 王領評議会のメンバーとして、プロシャ地方議会の議長として、さらにワーミアの実質的な最高支配者として、彼はすべての重要な政治的行事に参加し、当時のすべての式典に出席した。外交会議にも、王家の結婚式にも、議会や元老院の会合にも、重要人物の葬儀にも、ポーランド王の戴冠式にも、また協議会や会合や交渉にも出席した。」

このような人物のかたわらで秘書官として常時随行したコペルニクスも、政治的才覚と決断力を磨いたであろう。たとえば一五〇七年九月には、叔父に随行してエルビングで開催された王領プロシャ地方議会に参列し、ポーランド王ジギスムントのための税金徴収問題や、ドイツ騎士団の支援する白昼強盗行為と戦うための効果的手段を導入する必要性の議論に加わっている。

一五〇九年の三月九日から四月一六日にかけてピオトリコフで開催された総会では、ポーランド王と王領プロシャ連盟代表団の間で自治権をめぐって白熱した議論が展開されたが、グダニスク市の代表団と叔父の司教との間でヴィスワ河の砂洲《さす》問題が扱われたとき、コペルニクスはその係争地の地図を作成して叔父を助けたようである。必要な情報と資料を準備しておくことに抜かりはなかったようだ。

初めての出版は文芸書の翻訳

実務のかたわら、コペルニクスは自らの関心に従って、余技に割く時間も見出《みいだ》していた。一五〇九年、イタリア帰りの青年は初めて本を出版した。その本は天文学とは全く無関係で、なんと『教訓・田舎・恋愛の書簡集』という題名をもつ。クラクフで刊行されたこの書簡集は、七世紀のビザンツの学者テオフュラクトゥス・シモカッテスのギリシャ語原典をコペルニクスがラテン語に翻訳したものである。教訓・田舎・恋愛のサイクル順に八五もの書簡を例文として収めている。今日でいえば「手紙の書き方見本」という形式の娯楽本である。その一組を読んでみよう。

教訓　エウリャデスからシモンへ

お前は多くの約束をするが、ほとんど実行せず、行いよりも口先が立っている。だが、お前が言葉遣いの優雅さで名高くても、芸術家はお前の口先より大きな力をふるう。何しろ芸術家は、自然が生み出しえないようなものを絵の中に作り出すのだから。しかしもし約束することでお前が聞く人を幸せにしてやっていると考えているとすれば、ほんのしばらくの間楽しくさせているだけであって、後になるとずっと手ひどく悲しませることになる。というのも、どれほど素晴らしい夢であっても、眠っているときに与えてくれる喜びよりも、目覚めているときに与える悲しみのほうが——希望はすべて眠りとともに消え失せてしまうので——ずっと大きいのだから。だから、お前の行動と言葉遣いを一致させよ。さもないと、友達に嘘《うそ》つきと見なされて憎まれ、真実に無関心だとしてお前を攻撃する理由を敵に与えることになる。

田舎　テッティゴからオルテュゴへ

恥知らずな奴め。一体全体なぜ服を着替えて、ヤマウズラを飛び去らせちまったのか。ブドウ酒がお前の厄介のもとだった。話にある通り、ブドウ酒と交換してオデュッセウスはキュクロプスの目を手に入れたのだぞ。だから、鳥どもを元に戻さないなら、俺はお前と一緒に崖から飛び降りちまうぞ。男の子がひどい人生を送るのは耐え難い。しかし、息子が父親より早く墓に入るのは、もっと我慢し難い。

恋愛　テティィスからアナクサルクスへ

あなたはテティィスとガラテアを同時に愛することはできません。というのも、感情は争いに携わらないからです。愛情は分けられないものですもの。あなたは二股をかけることに耐えられないでしょう。というのも、大地が二つの太陽によって温められることがありえないように、ひとつの心は二つの愛の炎を支えきれないのです。

叔父に宛てた序文でコペルニクスが語るところでは、著者のテオフュラクトゥスは「楽しいことを真面目なことと、面白いことを厳粛なことと混ぜ合わせ、庭園に花々を寄せ集めるように、最も気に入るものを読者が摘みとれるようにした」ことで称えられている。しかしご覧の通り、「教訓と恋愛」の内容自体はありふれたものだし、「田舎」のほうは話の筋が支離滅裂（だから面白い？）である。しかし、わざわざ訳すほどの文学的価値を有するものではないだろうし、古典研究に力を注いだイタリア人文主義者の目から見れば、古典の典雅さからはほど遠い世紀の文体にすぎなかった。コペルニクスがこの陳腐な書簡集を翻訳した理由は、おそらく一つしかない。内容ではなく、それがギリシャ語で書かれていたことである。ギリシャ語文献をラテン語に訳すこと自体に価値が置かれていたルネサンスという時代の息吹をコペルニクスも吸っていたのである。イタリア留学がコペルニクスの精神にいかに深い影響を与えたかを物語っているだろうし、また、今まで生活と勉学を支えてくれた叔父へのささやかな恩返しだったのかもしれない。さらにギリシャ語からラテン語への翻訳ということであれば、主著『天球回転論』に入れる予定であったが割愛されてしまった「リュシスの手紙」の翻訳も同じ精神の産物と見ることができる。

「コメンタリオルス」を執筆

一五一〇年頃にコペルニクスはリズバルクを去り、司教座大聖堂のあるフロンボルクへ移った。町の城壁の北西の角に居室を構えたといわれ、現在それは「コペルニクスの塔」と呼ばれている（ただし根拠は不確か）。叔父の許《もと》を離れたことで、天文研究に多くの時間が割けるようになったと思われる。あるいはむしろ話は逆かもしれない。太陽中心説の最初の草稿とされる「コメンタリオルス」は一五一〇年前後に執筆されたと推定されることから、天文学の研究にもっと本格的に時間を割くために叔父の許を離れたのかもしれない。リズバルクを去るということは叔父の秘書官を辞するということであり、叔父の期待に背き、敷かれた路線から離れることを意味していただろう。栄達して司教にまでなった叔父のあとを追ってカトリック教会内で地位を高めていく道を自ら断ったということになる。もしそうであれば、コペルニクスにとって一大転機であったに違いない。しかしリズバルクを去っても、参事会員としての日常の業務は今日の高級行政官僚のそれであることに変わりはなく、大半の時間は参事会の実務に割かれ続けた。その合間を縫って「コメンタリオルス」は執筆されたのである。

コペルニクスを研究する科学史家を悩ませる問題は、何の前触れもなく、「コメンタリオルス」でいきなり太陽中心説という斬新で革命的な天文理論の出現に出くわしてしまうことである。伝統的な地球中心説に満足せず、どこに不満を抱き、新理論へと駆り立てた動機は何だったのだろうか？　このことについてのコペルニクスの言及は僅かしかなく、その片言隻句を活用しながら推測する以外にない。しかし学者たちによるその推測は核心を突くところまで来ていると思われる。

まず「コメンタリオルス」の執筆年代がどのような証拠に基づいているかから見てみよう。まず、「何年以前か」は確定している。クラクフ大学医学教授ミェーフフのマタイ（一四五七〜一五二三）が貴重な記録を残している。一五一四年五月一日に彼はたまたま蔵書目録を作成したが、その一項目に次の記載があった。「地球が動き、太陽は静止すると主張する理論の六葉綴《と》じ写本」。彼の蔵書中に最早この写本を見出すことはでしているが、六葉ほどの小冊子（現在でいうと一二頁《ページ》分）であることと理論の内容からして、この写本がコペルニクスの「コメンタリオルス」以外を指すとは考えられない。したがって、一五一四年以前にコペルニクスは太陽中心説の骨格をすでに完成していて、草稿のコピーを送っていたことになる。「何年以後か」については確定できないが、一五〇八年以後という説が有力である。この説は、コルヴィヌス（シレジアの首都ヴロツワフの公証人）が前述のテオフュラクトゥスの翻訳書（一五〇九年出版）に寄せた序文で「コペルニクスは太陽の交替運動を扱った」という趣旨を述べていること（つまり、この時点ではまだ太陽の静止を考えていないこと）に基づく。したがって「コメンタリオルス」の執筆年代は一五〇八年から一五一四年の間のいつかということになる。そこで切りのいい一五一〇年をとりあえず目安にしておこうというわけだ。

コペルニクスは自らの革新的理論のノートコピーを作って、クラクフの数学（天文学）者や数学愛好家たちに送ったようである。前述の医学教授が入手したのも、この経路によったものだろう。前に述べたように、医師には占星術が必須の知識であったので、医学教授は天文学にも通じていなければならなかったからである。著者名もタイトルも記されていないのをみると、コペルニクスの用心深さがあらわれているのかもしれない。ただし「理論 theorice」と記されているので、天文学書として当時ごく普通の題名であった『惑星の理論 Theorica planetarum』とコペルニクスが呼んでいた可能性はあるだろう。

では、著者名とタイトルはどこからきたのか。「コメンタリオルス」は印刷されなかったので、それを考えるためには、写本の伝承過程を見なければならない。現在、幾つかのルートが解明されているが、重要なルートは、コペルニクス→レティクス（一五三九年以後）→サルトリウス→ヴィッテッヒ→ハーイェク→ティコ・ブラーエ（一五七五年）→……→現存三写本、である。コペルニクスの直弟子レティクスは本人から直接受け取り、著者の名前が伝えられて最後のティコ・ブラーエに至り、彼が現存のタイトルをつけ、それが伝承されて現在に至った。このように、伝えられた何人かが新たにコピーを何部か作り、それを受け取った人がまたコピーを複数作って……という形で伝播《でんぱ》していく。当時はこうした形態で科学の最新情報は広まっていったのだった。天文学者コペルニクスの名前がこうして人々の間に浸透していった。また、人から人へと筆写されながら伝播していくので、テキストに誤記や脱落が混入してくるのは避けられない。だから、歴史資料一般にいえることだが、テキストを読解するには細心の注意を払う必要があることになる。

地球は動くという革新的な理論

前置きが長くなってしまった。まず、地球は動くという「コメンタリオルス」の革新的な理論内容を見てから、次に、新理論を提出したその動機を検討することにしよう。なんだかワクワクしてくるのは私だけかな?

理論を述べるにあたってコペルニクスはその基本的前提を七つ述べている。「要請」と訳した元のラテン語はpetitio。数学では「公準(postulate)」に当たる言葉で、これから理論を展開するにあたって読者に認めてほしいと「要請」する事柄を示している。その七つをいきなり読んでみよう。太陽系モデルがみんなの頭に浮かんでくるかな?

要請一　あらゆる天球ないし球の単一の中心は存在しないこと。

要請二　地球の中心は宇宙の中心ではなく、重さと月の天球の中心にすぎないこと。

要請三　すべての天球は、あたかもすべてのものの真中に存在するかのような太陽の周りをめぐり、それゆえに、宇宙の中心は太陽の近くに存在すること。

要請四　太陽と地球の間の距離：対：天空の高さの比は、地球半径：対：太陽距離の比よりも小さく、したがって天空の頂きに比べれば感覚不可能なほど〔小さいもの〕であること。

要請五　天空に現われる運動は何であれ、それは天空の側にではなく地球の側に由来していること。したがって近隣の諸元素とともに地球全体は、その両極を不変にしたまま、日周回転で回転しており、天空と究極天は不動のままである。

要請六　太陽に関する諸運動としてわれわれに現象するものは何であれ、それは太陽が機因となっているのではなく、地球およびわれわれの天球――われわれはあたかもある他の一つの星によるかのように、太陽の周りをそれによって回転している――が機因となっていること。かくして地球は複数の運動によって運ばれていること。

要請七　諸惑星において逆行と順行が現われるのは、諸惑星の側にではなく、むしろ地球の側に由来していること。したがって、天界における数多くの変則的な現象に対しては、地球一つの運動で十分である。

どうだったかな？　言葉がやや古いので難しいと思った人がいるかもしれない。ここで解説を加えておこう。「天球」というのは、星を抱く透明な球のことで、アリストテレスによれば、それはエーテルという特別な（ということは、私たちの身の回りの地上界にはない）物質でできている。そして要請のそれぞれは当時の常識に反したことを主張している。伝統的な宇宙像では地球があらゆるものの単一な中心になっていたのだから、要請一はそういうものはないと否定しているのだ。

じゃあ地球の中心はどうなった、となるから、要請二は地球が宇宙の中心ではなく、重いものが落ちて向かっていく中心であり、かつ月の天球の中心になっていると主張する。つまり、月は地球の周りを回っている（現代的に言い換えれば、月は「衛星」［この言葉は後にケプラーが作った］だよということ）。そして重いものの落下は地球の中心へ向かうのだという。アリストテレスの自然学では、宇宙の中心へ向かって落ちるとされていたのだから、これも大胆な主張になっている。そして運動は、アリストテレスでは自然学の対象とされていたので、位置計算天文学（数学）の議論にこうした事柄が入ってくるのは異例のことだった。

つまり、コペルニクスはアリストテレスの設定した自然学と数学の垣根を越える方向を示しているのだ。そして当然、では宇宙の中心には何があるのだ、という疑問が出てくる。それに答えるのが要請三だ。そこには太陽がある！　太陽中心説だ‼（厳密にいうと、太陽は宇宙の中心の近傍にある、と補足しているが）。

そして要請四は、宇宙の中心から追い出された地球と中心に新しく据えられた太陽の間の距離は、宇宙全体の大きさと比べると取るに足りないほど小さいと言っている。ということは逆に言えば、太陽―地球間の距離（つまり、地球の軌道半径）は無視しうるほど宇宙は膨大であると主張していることになる（これは後に問題とされる年周視差を事前に回避する手段でもあった）。

要請五は、伝統的に恒星天（第八天球）に帰されてきた日周回転を地球の自転に帰している。「近隣の諸元素」というのは、地球を含め地上界を構成するとされてきた四元素（土・水・空気・火）のことで、この四元素圏（地球は「土」の塊りだ）が自転するのである。

要請六と要請七は、地球の自転に帰された日周回転を除き、太陽と惑星に帰されてきた固有運動が地球の公転などによって説明できると主張する。太陽に関しては年周運動とともに歳差運動（春分点のゆっくりとした西進運動のこと）をコペルニクスは念頭に置いている。伝統的に歳差運動は恒星天球の東進運動として説明されてきたので、これもまた画期的なことである。

五惑星について、変則的な逆行運動は前に図6（49頁）で見たように、プトレマイオス説では惑星本体の「実際の運動」として説明されてきたが、コペルニクスはこれを地球の公転による「見かけ上の運動」として説明する道を開いた。惑星はすべて同じ向きに回転しているにもかかわらず、公転のスピードのちがいにより、地球が外惑星を追い越したり、内惑星に追い越されたりするときに、地球上にいる観測者には、見かけ上、惑星が留《りゅう》になったり、逆行したりするのである。

そしてこの七つの要請の直後に「天球の順序について」ということで、太陽を中心とした惑星の配列順序が惑星距離と周期とともに述べられている。

内側から順に、水星・金星・地球（月）・火星・木星・土星。この順序が決定され、宇宙の体系的構造が示されている。これはプトレマイオス説ではできなかったことだ（『アルマゲスト』は惑星理論の寄せ集めであったことを思い起こそう）。またコペルニクスの体系において惑星の数は六個となって、伝統的な「七惑星」ではなくなっていることに注意しておきたい。

地球は三重運動によって回転している⁉

そしてコペルニクスにおける個々の惑星について説明すれば長くなるので省略するが、地球の運動（ということは太陽の運動でもあるが）については述べておこう。地球の運動とは自転と公転の二つじゃないか、というのは早とちり。驚くことに、コペルニクスは「地球は三重運動によって回転している」と言っている。まず年周運動（公転）、次に第二の運動として日周運動（自転）、そして第三のものは「傾斜の運動」。ムムムー、最後のものは一体何だ？　この運動を考えざるを得なかった理由は、コペルニクスにとって回転運動の仕組みが絡んでいる。回転するのは天体ではなく、天球だったからである。天体は天球に付着していることによって回転するのである。

さて、地球が地球の天球（彼はこれを「偉大な天球」と称した）に付着して、自転しながら公転する場面を想像してみよう。地球は自転軸の周りに西から東へ一日に一回転し、地球が付着している天球は黄道極を軸として西から東へゆっくりと一年に一回転する。付着したまま天球が回転すると、不都合なことが起ることになるんだが、それが何だか分かるかな？

ヒントは……自転軸を延長した方向の星を考えてみるとよい。たとえば北極軸を延長した方向には北極星があるよね。付着したまま天球が回転すると、北極星が一年のうちでしょっちゅう位置が変わっていくことになり、これは明らかに事実に反している。そうならないためには、偉大な天球の回転方向とは逆向きに自転軸を回転させて、地軸をいつも一定方向に保ってやらなくてはならない。ちょうど一年で逆向きに回転させると歳差運動が説明できなくなるので、「約一年で回転」させることになる。回転する駒の軸がするように地軸をゴマすり運動させて、地軸の定方向性と歳差運動の二つを「傾斜の運動」で説明しようとしたのである。そしてこの運動をコペルニクスが必要としたということは、彼が伝統的な天球概念を保持していたことを物語っている。

伝統的な概念を持っていたことは、特殊なことでも何でもない。人は知的真空に生まれ育つわけではないからだ。しかし逆説的なことだが、私の理解では、この伝統的な天球概念が革命的な転換を引き起こすことになったのである。そこで、われわれの第二の課題「太陽中心説という新理論を提出した動機の検討」に移らなければならないが、そのためにはプトレマイオス説をもっと詳しく知り、その問題点を押さえておこう。

〈コラム〉プトレマイオス説の最終モデルとその問題点

前のコラムでは、プトレマイオス説（略して周転円説ともいう）の定性的説明を与えた。定性的に優れた理論であったことは十分に納得されたと思う。その要《かなめ》となった「二つのモデルの幾何学的等価性」はよく考えてみると、地球中心説（天動説）から太陽中心説（地動説）へ替える必要性はないことを示しているようにも思える。天文現象はどちらでもき

ちんと説明できるからだ。その限りではその通りである。しかし理論の評価は定性的レベルでなされるだけでなく、定量的レベルでもなされるのだ。たとえば日食や月食がいつ、どの程度の食（皆既食か部分食かなど）として起こるかを予測するとか、惑星の場合だと、逆行がいつ、どこで起き、逆行弧の形や大きさがどれほどあるかが問題になるし、理論に基づいて作られた暦が果たして星の運行に合っているかどうかなど、定量的な予測の精度で理論はいつも評価にさらされている。だからプトレマイオスにしても惑星運動の定性的説明を与えることで満足したわけではなく、観測データとよりよく一致し、定量的にも満足ゆくような理論を作り上げることを試みた。前にみた基本モデルをプトレマイオスがいかに改変し、『アルマゲスト』に述べられる最終モデルに到達したかを見ることにしよう。プトレマイオスも観測データとの一致を求めて理論的に格闘したのである。

再び外惑星を例にとろう。基本モデルは、図9（79頁）に示すように、$CP /\!/ O\overline{S}$ の関係を保存しつつ、中間的段階(a)を経て、最終段階(b)に達したと推測される（内惑星の場合は、$MC /\!/ O\overline{S}$ とすればよい）。(a)では、導円の中心Mはもはや地球Oにあるのではなく、そこからデータにあう値 e だけ離れている。導円はもはや地球Oと同心的な導円ではなく、離心的な導円となった（導円の半径 R は相変わらず60で、値 e は離心値といわれる）。この離心的導円の上を周転円の中心CはMの周りを一様に回転している。この理論変更によって予測精度は基本モデルより良くなった。しかしプトレマイオスは定量的な精度をもっと上げようとして、最終段階(b)のモデルに到達した。この最終モデルでは点Cの一様回転の中心は軌道の中心Mではなく、Mを挟んでOの反対側の点E（OM=ME=e）になった。点Eは「エカント点」（直訳は、等化点。一様角速度の中心のこと）と称される。分かりやすく言うと、軌道の中心と回転角速度の中心を分離したわけである。周転円の中心Cは離心的導円上にありながらも、CはEのまわりを一様角速度で回転するため、導円上でのスピードは一様ではなくなってしまった。地球Oから周転円の中心Cの運動を見れば、CはOに近づくにつれて速さを増し、Oから離れると速さは減少する。速さは遅くなったり速くなったりしていることになる。

この二つの改良によって、理論と観測データの一致精度は飛躍的に増した。このことを納得してもらうには、現代的観点に立って言い換えるとどうなるかを見ればよいだろう。皆さんは高校の理科（物理かな？）でケプラーの第一法則と第二法則を学んでいるでしょうか？

図10（81頁）は高校の物理の教科書から取ったものです。ケプラーの第一法則は楕円《だえん》軌道を、第二法則は面積速度一定を示している。これとプトレマイオスの最終モデルとはよく似ていることが分かるだろうか。図10の楕円と最終モデルの図9の円では全く似てない

図9　周転円説における惑星理論の進化

(a)中間モデル、(b)最終モデルのいずれのモデルにおいても、$\bar{\gamma}=\bar{\kappa}+\bar{\alpha}$となっており、基本モデル（図6参照）の関係が保たれている。

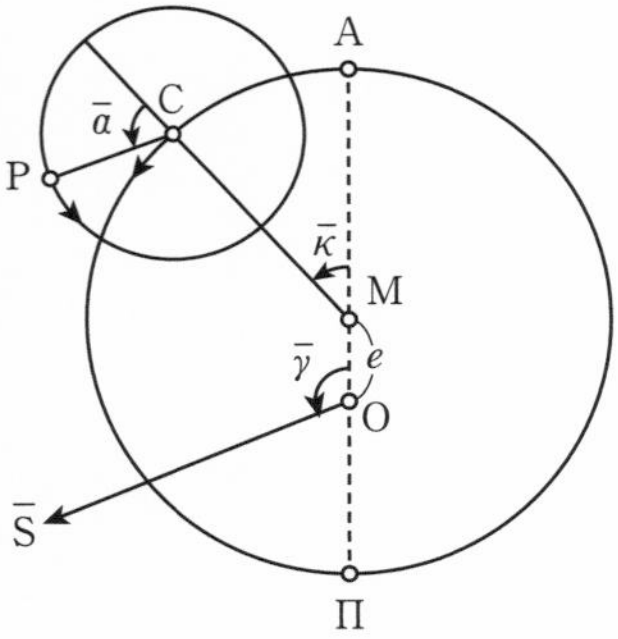

(a)　中間的モデル（導円の中心Mを地球Oから分離する）

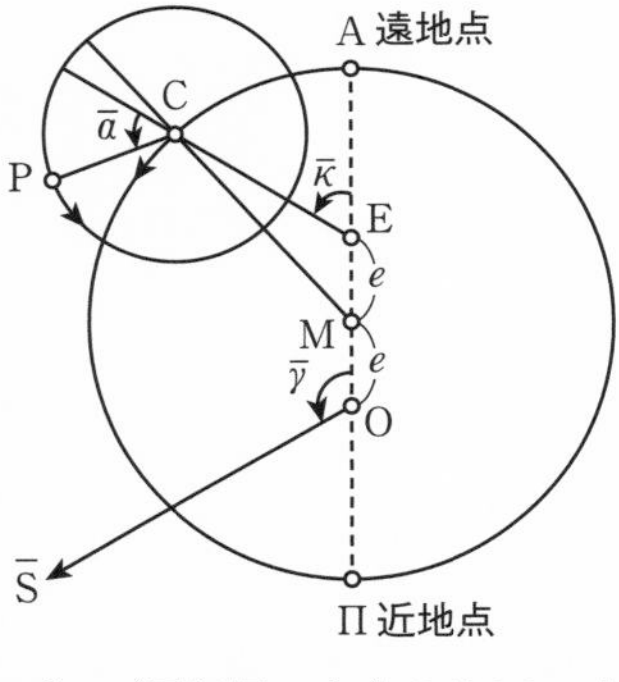

(b)　最終的モデル（周転円の中心CはMのまわりではなくエカント点Eのまわりに一定の角速度で回転する）

じゃないか、と言われればその通りだが、実は然《さ》にあらず。教科書の図は楕円軌道であることを強調するために、離心率（太陽の位置する楕円の焦点が中心からどれだけ離れているかの割合）を大きくしてより楕円らしく見せているのです。

この図では離心率は〇・七ぐらいかな。実際の惑星の離心率をご存じだろうか。大きい順にいうと、水星が〇・二くらい、火星がだいたい〇・一、その他の惑星は〇・〇五以下（地球は〇・〇二ほど）です。離心率（〇と一の間の値をとる）の小さな楕円は、見た目には円（離心率は〇）とほとんど変わりません。だから、楕円ではなかったとしても、離心的導円を使ったことによって、プトレマイオスはケプラーの第一法則を近似していることになるのです。ではエカント点Eのほうはどうか。最終モデルでMを挟んでOの反対側にあるエカント点Eに対応するケプラー図の点はといえば、楕円の中心を挟んで太陽のいる点と対《つい》になる「太陽のいないほうの焦点」（虚焦点）です。そして面積速度一定で運動する惑星を虚焦点から眺めると、近似的にですが、角速度一定で運動しているように見えます。つまり、エカント点は虚焦点なのです。こうして、コペルニクス（一四七三～一五四三）よりずっと後の世代のケプラー（一五七一～一六三〇）の業績に相当するものをプトレマイオスは提出していたわけですから、彼の理論が定量的にも優れた理論であったことは、十分に納得していただけただろう。

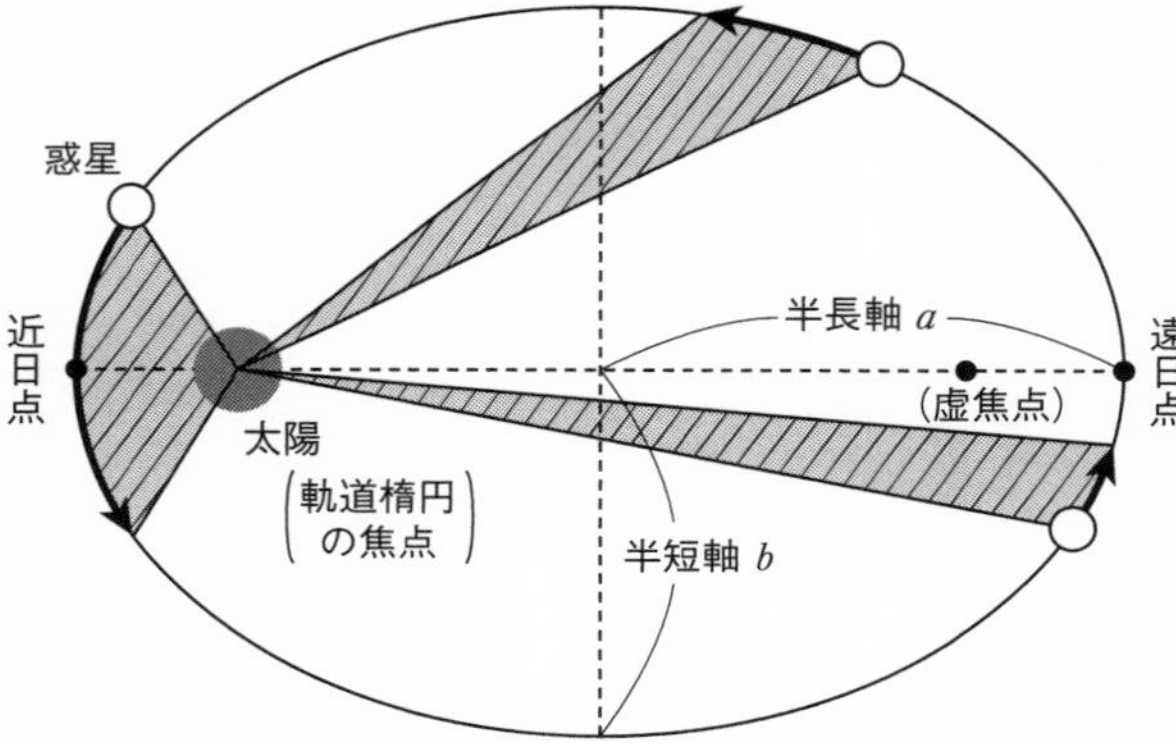

図10　ケプラーの第一法則、第二法則
惑星の軌道は楕円になる（第一法則）。また、惑星が→で示した部分を通過する時間が等しい時、斜線部の面積は等しい（第二法則）。

参考のために、座標による楕円の標準形式と離心率 e の数式を示しておこう。

$$\frac{x^2}{a^2}+\frac{y^2}{b^2}=1$$

$$e=\frac{\sqrt{a^2-b^2}}{a}$$

楕円の中心と太陽の間の距離は ae になる

またモデル修正の手続きを振り返っていただけば、周転円説がいかに融通性にとんだ技法を内蔵しているかも明らかになるだろう。導円中心の位置をずらしたり、回転中心と軌道中心を分離したりしているのである。さらに一例を加えるなら、プトレマイオスの月理論は、導円の中心をさらに地球の周りに回転させることもしているのである。観測データとのズレが検出された場合、そのズレを吸収するような柔らかい構造を理論が備えていた、ということができる。中世という科学的に未成熟で、宗教が人々を束縛していた時代だったから（こうした中世観は今では否定されています）天動説が支持された、のではない。

プトレマイオス（紀元後一四〇年頃活躍）の天動説が一四〇〇年あまりにわたって支持され続けたのは、彼の理論がよくできた天文理論だったからである。よくできた理論が支持され続けるのに何の不思議もない。むしろ不思議なのは、コペルニクスはよくできた理論をなぜ支持しなかったのか、ということのほうである。

しかし「チリも積もれば山となる」と諺《ことわざ》にもあるように、当初は目立たなかったズレが時代とともに積み重なり、いつしか無視できないズレになってしまった、ということはありうる。長時間経てば、理論と観測データのズレは誰の目にも明らかになってくるものなのだ。だから、プトレマイオス以後の天文学者たちの任務は、『アルマゲスト』の前例に倣い、二円の組み合わせの中に斬新な工夫を導入して、新しい観測データと一致するように理論を微調整していくことだった。コペルニクスはなぜ通常の天文学者たちと同じ道を歩まなかったのだろうか。

さあこれで第二の課題「太陽中心説という新理論を提出した動機の検討」に取り組むことができる。これからが本書のクライマックスになる。登山で言えば、頂上が見え始めるが山道はいよいよ険しくなる所だ。難所がいくつかあるかもしれないが、元気を出して（分からないところは時には飛ばして）一歩一歩進んでいこう。いや、進んでいってもらいたい。

コペルニクスが地球中心説（天動説）から太陽中心説（地動説）へと理論を革新したその動機について、学者たちはさまざまな推測をしてきた。ルネサンスの新プラトン主義の影響、特にヘルメス主義の太陽信仰、ピュタゴラス主義、教会暦の改革という社会的要請、天文航法を必要とする大航海時代の到来、プトレマイオスの月理論への不満、惑星運動の第二変則性への新たな対応、等々。このうちいずれが的を射ているだろうか。

地動説の由来についてコペルニクス自身が語っている箇所は、少なくとも三つある。

太陽中心説の最初の草稿「コメンタリオルス」（一五一〇年頃）、『天球回転論』（一五四三年）へ付す予定の最初の序文（原稿は書かれたが、出版されず）、および主著の出版に（長らく躊躇《ためら》った後なのだが）同意した後に新たに起草して出版した「パウロ三世宛ての序文」である。そして『天球回転論』に散見される断片的叙述も傍証として使えるだろう。

この三つあるいは四つのうち、理論的革新の動機について最も雄弁に語っているのは、三番目の資料である。しかしその資料の内容を額面通りに受け取ることについては、慎重でなければならない。というのも、それは「コメンタリオルス」を執筆してから三〇年ほど経った一五四二年に書かれたものであり、コペルニクスの理論的革新の動機を語るのが主な目的ではなく、主著を当時の思潮に受け入れやすくするという配慮が働いている可能性が大きいと考えられるからである。したがってこの資料を先の二資料と整合するような形で理解するように試みなければならない。ともあれ、コペルニクスの新しい序文の内容に目を向けよう。

この序文の中で、コペルニクスは主著出版への躊躇と友人たちからの説得工作に触れた後、「宇宙の諸天球の運動を計算する別の理論の構想へと私を駆りたてた」ものとして、天文学的伝統の不一致・不確実さをまず挙げている。

そして（一）回帰年〔春分から次の春分までの時間〕の長さが確定できないこと、（二）同心天球説および周転円説という二つの伝統的天文理論への批判、を述べている。

次に、ピュタゴラス派の地動説に触れた後、「そこでこの機会を捉えて、私もまた大地の運動を考え始めました」と記している。そして地球の運動を仮定すると、天文現象がうまく説明できるばかりでなく、「あらゆる星と天球の順序と大きさ、および天そのものが、そのどの部分においても、他の諸部分と宇宙全体の混乱を引き起こさずには、何ものも決して移しえないほど〔緊密〕に結合されている」、つまり、宇宙の体系的構造を示すことができると述べている。

最後に、序文を締めくくるにあたり、聖書との矛盾をつく非難に対して予防線を張って、「数学〔＝天文学〕は数学者〔＝天文学者〕のために書かれている」と言い放ち、自分の理論が教会暦改革に役立つ自負を述べて終っている。

地動説を思いついた動機に関するさまざまな意見

まず「ピュタゴラス派の影響」から考えてみよう。序文を文字通りに取れば、ピュタゴラス派の教説に接したことが切っ掛けとなって地動説を思いついたことになるが、その可能性はほとんどなかったといえるだろう。最初の序文（主著の原稿を他人に見せることをまだコペルニクスは意図していない）の中に、ピュタゴラス派への言及は全くないし、そのうえ「コメンタリオルス」では、「我々がピュタゴラス学派とともに地球の運動を根拠なしに主張した」と見なされることに留保をつけ、自分の説がピュタゴラス派の教説ではなく、数学的論証に基づいていることをわざわざ断り書きしているのである。さらに、ピュタゴラス派の地動説は、地球の日周回転（自転）を主張するものであるのに対し、コペルニクスの太陽中心説において重要なのはむしろ地球の公転運動であった。実際「コメンタリオルス」において、地球の公転運動がまず述べられ、自転運動は「地球の第二運動」と言われている。

ピュタゴラス派の教説は、コペルニクスの動機を構成する要因ではなく、むしろ太陽中心説に到達した後で、自説の蓋然性を自他ともに納得させる一要因であったと解釈すべきであろう。ただし、コペルニクス説がピュタゴラス派の諸観念(たとえば、宇宙の調和、神的象徴としての太陽など)と折り合いがつけやすかったことは認めなければならない。一六世紀後半の人々の目には、コペルニクス説は古代ピュタゴラス派宇宙像の復活と映ったし、またそうした解釈にコペルニクス自身が序文の中で言質を与えていた。そして、主著の受容を促進するという意味では、コペルニクスの戦略は成功したと言えるだろう。

ほぼ同じような理由から、「ルネサンスの新プラトン主義とヘルメス主義の影響」も決定的な動機とはみなせない。この時代のプラトン・ヘルメス主義の特質をどこに見るかは本来それ自体難しい問題だが、その影響を主張する論者は、通常、太陽信仰および数学的単純性への志向をその指標に取ることが多い。ルネサンスにプラトン復活の熱狂を生み出した哲学者はフィチーノであったが、彼の『太陽論』およびそれを携えてクラクフへ来たカリマクスなど人文主義者との交流(「ヴィスワ協会」)が太陽中心説の由来を説明するとするには、あまりにも証拠が少なすぎる。

フィチーノは著作『太陽論』の中で太陽の位置を真中としているが、それは惑星の並びの中央に太陽が位置していると主張しているのであって、宇宙の中心は地球のままである。つまりそれは太陽中心説を含んでいない。またコペルニクスがクラクフの学生であったころ、人文主義者と交流したことが時期的に想定されるとしても、その交流の内実は全く不明である。さらに「コメンタリオルス」の執筆がイタリア留学後であるという事実とも折り合わない。また、ドメニコ・マリア・ノヴァーラを新プラトン主義者と見なしたりすることも、イタリア留学中のコペルニクスへの影響を示すこともできない。『天球回転論』第I巻第一〇章に見られるコペルニクスの唐突な太陽讃歌に新プラトン主義と共鳴する部分があると言えるかもしれないが、さらに一歩進んで「新プラトン主義が彼を太陽中心説へ導いた」と主張するにはさらに多くの証拠づけが必要であろう。新プラトン主義は、彼の宇宙観を生み出した知的風土における本質的成分であるとは言えても、コペルニクスの太陽中心説の発明における決定要因だとは言えないだろう。一般的に、人は知的真空状態で活動するわけではないので、当時の思潮と無縁でいることはできないだけのことである。しかし何らかの主義ないし信念をもちさえしたら、「太陽の静止」と「地球の運動」の観念が得られる、と考えることこそ、天文学研究の現場を素通りした想定だ、と言わなければならない。後にガリレオが言うように「感覚的経験が明らかに反対のことを示しているにもかかわらず」「自己の感覚に暴力を加えて」まで地球の運動を言い立てるコペルニクスを理解するには、彼の研究現場から立ち現れてきた問題を把握する必要があろう。安易に早わかりせず、非常識を乗り越えさせたその思考の飛翔力・構想力がどこからきたのかをもっとピンポイントで知りたいと願うのは私一人ではあるまい。そして丹念に分析すれば、そのためのヒントは残されている。

大航海時代の到来について、それはコペルニクスの生きた時代の知的風土であったということ以上には何も言えないであろう。大海原の真っただ中を進んでいく遠洋航海は、陸地や島々を見ながら進む沿岸航海とは異なる。船の位置を知る手立ては、陸地が見えないのだから星を見るしかない。だから天文航法が必要とされるが、そのためには星辰《せいしん》の詳細な位置と運動が分かればよい。動く地球という考えが必要になるわけではない。前に触れたように、コロンブスにとっては、プトレマイオス理論に基づくレギオモンタヌスの『天体位置推算暦』で十分だったのである。

教会暦改革の問題がコペルニクスに及ぼした影響について、その評価は微妙である。

新しい序文においても最初の序文においても、回帰年の長さを決定することの困難さにコペルニクスは触れている。「コメンタリオルス」では恒星年を基準とすべきことを説いているが、そのためには回帰年と歳差の和が一定であることを論証しなければならない。

最大の問題点は歳差現象をどう理論的に定式化するかである。この問題がコペルニクスの積年の課題のひとつであったことは疑いない。この問題を考究するなかで、コペルニクスは地動説に思い至ったのであろうか。直弟子レティクスの『第一解説』の証言を根拠として、この可能性が示唆されると解釈する意見もある。

しかし「コメンタリオルス」における歳差運動論は、最も未熟なものの一つであったことも事実である。もし教会暦改革がコペルニクスの動機であったとすれば、太陽の観測データが「コメンタリオルス」執筆（一五一〇年頃）以前のかなり初期の段階から存在してしかるべきだろう。

しかしコペルニクス自身の観測データは一五一五年以降のものである。また当時、歳差現象は第八天球の運動（恒星天球の東進運動）として説明するのが伝統的な主流であり、コペルニクスのように地球の第三運動（「傾斜の運動」）として説明するのは、例外中の例外であった。

暦改革が主要な動機であったとすれば、なぜ彼は第八天球の運動で説明する方途を放棄したのか。それが全く不明なままに残されることになる。したがって私は、歳差運動が彼の理論的関心事ではあったが（そして、これが暦改革問題に直結することは十分意識していたが）、地球を動かすというアイデアは別のところに由来する、と解釈したい。そしてこの方がよりよく状況証拠と合致するのである。というのも、辺境の一参事会員にすぎないコペルニクスが天文学者と認知されたのは、「コメンタリオルス」が流布《るふ》したからであり、そのゆえに教会暦改革について意見を求められたからである。

コペルニクスはパウロ三世宛ての序文で「……（改暦作業の責任者）センプローニア司教パウルス氏に勧められて（一五一四年）、その時以来、私としてもそれらをもっと正確に観測すべく心を向けておりました」と書いている。この言葉はコペルニクスの太陽観測データの年代（『天球回転論』で使用されたデータは、一五一五年三月一二日、九月一四日、一〇月二九日、一五一六年三月一一日）とも符合し、まさに文字通りにとってよいと思われる。コペルニクスは地動説を採らざるをえなくなったために、歳差を地球の運動で説明するようになり、その定量的理論化に苦闘し、その長年にわたる成果が暦改革への貢献になると自負したのであろう。

天文学の伝統を批判する

プトレマイオスの月理論への不満とか惑星運動の第二変則性への新たな対応とかといった諸問題は、広い意味で、伝統的な天文学に対する批判である。しかし月理論への不満は、伝統的天文学が観測データを説明できないとか、その予測精度が不十分であることへの不満に尽きるのではない。コペルニクスの不満はもっと根本的なものだった。序文を見る限り、コペルニクスの理論的革新の動機は、彼自身が明言している天文学的伝統の不一致・不確実さしか残されていないように思われる。私は彼がここでは素直に語っていると解釈する。というのも、序文の言い回しは、「コメンタリオルス」の冒頭部分の言い換えと見なすことができるからである。「コメンタリオルス」から関連部分を引用しておこう。

カリポスとエウドクソス（アリストテレスの同心天球説の実質的創始者）は、同心的諸円を手段としてこのことを引き出そうと試みたが、それらの手段によって彼らは、星の運動におけるあらゆる事柄——星々の回転について見受けられる事柄のみならず、星々があるときは高い方へ登っていったり、あるときはわれわれの方へ下って来るように見えるということについても（つまり、惑星の距離変化のこと）——の説明を与えることができなかった。そういうわけで、そのことは離心円と周転円を手段としてなされるのがいっそう良い見解だと見なされるようになってしまい、ついにはその見解に知者の大部分が賛同しているのである。

しかしながら、プトレマイオスや他の多くの人々によって、それらについて至るところで提出されてきた事柄（＝伝統的な周転円説）は、たとえ数値的には（見かけの運動と）対応しているとしても、小さからぬ疑問点をもまたもつと見なされてきた。なぜならそれらの理論は、さらにいくつかのエカント円を想定するのでなければ、不十分だったからであり、またこうした円のゆえに、星はその導円上を、またその固有の中心においても常に一様な速さで動くわけでもないことが明白だったからである。このゆえに、こうした思弁は十分に完全であるとも、また理性と十分に一致しているとも思われなかった。それゆえ、私は以上のことに気づいたときに、完全運動の原理が要求するように、諸円すべてが自らにおいて一様に動かされると、あらゆる見かけの変則性が依存するようになるような諸円のもっと合理的な組み合わせ方法がおそらく発見されうるのかどうか、そのことに私はしばしば思案をめぐらしてきた。

この引用文と序文の二つの資料から天文学的伝統に対するコペルニクスの批判は、まず二つの規準からなされていることが分かる。（一）理論構成の原理的妥当性、（二）理論のもつ現象予測能力。伝統的な天動説の二タイプのうち、同心天球説は（一）を満たすが（二）は満たさず、周転円説は（二）を満たすが（一）は満たさない。両説に対して、コペルニクスは裏腹の評価をしている。彼のいう原理とは、「コメンタリオルス」の表現では「完全運動の原理」、序文の表現では「運動の一様性に関する第一の諸原理」であり、われわれがしばしば「一様円運動の原理」と呼んできたものである。天文学の専門家としてコペルニクスが真摯に批判し超克しようとする対抗理論は周転円説であった（同心天球説は常に一蹴されている）。その理論における原理違反の一例として、「コメンタリオルス」では、明確にエカント円の使用を指摘している。

だから、新理論提出の動機を解明する出発点は、エカント点が抱え込んだ問題点を考察することに求められる。前にみたように、エカント点の設定は位置計算天文学における予測精度の向上に大きく貢献した。しかしプトレマイオスが導入したエカントの概念は、両刃《もろは》の剣であった。アリストテレスの自然学あるいは自然哲学から見て、それは大きな難点を抱えてもいたからである。この原理は、通常、円軌道の中心に対して一様な速さで、つまり一定のスピードで動くことと解釈されていた。

ここで図9(b)（79頁）をもう一度見ていただきたい。惑星Pは周転円の中心Cの周りを一様に回転するので問題はないが、周転円の中心Cは（軌道の中心Mの周りではなく）エカント点Eの周りを一様角速度で回転するため、遠地点Aでは遅く動き、近地点Πでは速く動くことになってしまった。点Cは円軌道を描いてはいるものの、軌道上での速さは一様ではなくなってしまった。「一様円運動の原理」を厳密に理解する立場の実質的廃棄である。前にパドヴァのアヴェロエス主義者の項で述べたように、離心円や周転円の設定すら問題視する立場からすると、エカント点の設定はなおさら「一様円運動の原理」からの逸脱あるいは端的に原理違反とみなされた。どれほど予測精度が向上しようとも、原理違反を犯した理論を認めるべきではないという強硬な哲学的異論が出てくるからである。だからエカント点をめぐっては、宇宙論を課題とする哲学者のように「原理違反」と否定的に見るか、位置計算の天文学者のように「ドグマからの解放」と肯定的に見るか、さまざまに解釈されてきた。プトレマイオス自身は、「一様円運動」を原理（またはドグマ）として尊重しつつも、理論と現象（データ）との一致を至上の原理として、時にはそれからあえて逸脱することもためらわなかった。

原理を遵守すれば（その典型が同心天球説である）現象との一致は得られない。一方、現象との一致を追求すれば原理から逸脱することは避け難い。この二律背反的状況にどう対処していくか。このことが、哲学的関心をあわせもつ天文学者には問題となっていたのだった。そしてコペルニクスはこの二律背反的状況に正面から取り組もうとしたのだ。コペルニクスは宇宙論的かつ天文学的な二つの批判規準をともに満たすことを望んだのだ。つまり、天文理論が「一様円運動の原理」を遵守して、自然学的離点を含まず、しかも周転円説に匹敵する予測能力をもつように理論構成されるべきことを要請した。その意気込みは実に素晴らしい。そしてその意気込みは単なる思いつきや奇抜なアイデアに基づくものではなく、伝統的な理論を深く学んだことに基づいていた。万有引力の理論を提唱したニュートンが、自分は巨人の肩に乗っていたから遠くまで見通すことができたのだ、と語ったように、コペルニクスもプトレマイオスという巨人の肩に乗っていたからこそ見通すことができたのだ。しかし伝統的な理論を改変する方向は見えてきても、まだ地動説までは見通せていない。見定めた方向へ一歩一歩あゆんでいく持続力と忍耐力が必要だった。

序文のほうではさらに天文学の伝統に対する批判の第三規準として、(三)宇宙の体系性の提示を掲げる。そして伝統的な周転円説がそれを提示しえなかったことは前に述べたとおりである。コペルニクスがこの第三規準をいかに重要視していたかは、彼の文言から明らかである。

周転円説論者は、「重大な事柄、すなわち、宇宙の姿とその諸部分の確固たる均斉をもまた、彼らは発見することも、それから結論することもできなかったのです」（『天球回転論』序文）。そして自らの理論について、特にその天球の配列順序に関して、「我々はこの順序づけの下に、宇宙の驚くべき均斉と、諸天球の運動と大きさの調和の確固たる結合を見出す」（同書I―10）と自己評価している。そしてコペルニクスの自己評価は正当である。太陽中心説の最大の長所は、宇宙の体系的構造の提示を可能にする点にあったからである。

コペルニクスが思い描いた宇宙

そしてコペルニクスの言葉に繰り返し現れる「均斉」と「調和」は正確なところ何を意味しているのか。それをここでじっくりと考えることが必要である。

「均斉」と訳した元のラテン語はsymmetriaで、語源的には、ギリシャ語の「syn共に」と「metron尺度」に由来する。「尺度を共有する」という意味である。宇宙の中心から惑星までの距離に共通尺度が見出せるということである。

コペルニクスにとって距離の共通尺度とは、すぐ後で詳しく見るように、太陽と地球の間の距離（現在いうところの「天文単位」）である。これを共通尺度として、すべての惑星の絶対距離が、コペルニクスの理論において初めて確定される。コペルニクスが自らの序文で述べているように、共通尺度のもとに手・足・頭などの部分が作られるときに均斉のとれた人体の姿ができるように、宇宙も惑星距離の共通尺度のもとに律せられるとき均斉のとれた姿を現す。

「宇宙の体系的構造の提示」と以前は表現したが、コペルニクスにとってそれは宇宙全体の美しい姿としてイメージされていた。また改めて確認しておけば、プトレマイオス説においては、すべての惑星に対して導円半径Rを一律に60としたうえで、相対的な距離（r/Rやe/Rなど）が決定されていた。「均斉」に関して、周転円論者に対する序文の言葉は実に辛辣で手厳しい。「むしろ彼らに生じたことといえば、あたかもある人がさまざまな場所から、たしかにきわめてよくできてはいるが一個の人体をなす比率で描かれていない手・足・頭・その他の肢体をとってきてしまい、互いに釣り合いがまったくとれていないため、それらから人間というよりむしろ怪物が組み立てられてしまうのと同然なのです。」

そして「調和harmonia」は、英語のハーモニー。コペルニクスはこの「調和」を、惑星距離と「運動」の間に発見した。ここでいう運動とは、具体的には惑星の「周期」のことであり、惑星距離の大きいものほど周期も大きいという定性的関係である。問題となったのは、太陽・金星・水星の場合であって、天動説では地球の周りをいずれも一年で回転していた（51頁の図7－1をもう一度見てください）。これがこの関係のネックになっていた。しかし太陽の周りを回っているならば、「コメンタリオルス」を引用すると、各惑星の周期について「地球は年周回転で元の位置に戻る。金星は九カ月目に、水星は三カ月目に回転し終える」と言えることになる。

いかにして太陽中心説に到達したか

そこで天文学の伝統を批判する以上三つの規準のうち、「地球を動かす」というアイデアの形成に最も寄与したのは何であったかを考えてみよう。おそらくそれは、第一規準であったと思われる。なぜなら、第二規準は、哲学的宇宙像はいざ知らず数理天文学理論にとっての必須条件であり、伝統的な周転円説論者も営々と追求してきた事柄だったからである。そして第三規準は、わたしの意見では、太陽中心説を採用したことによる結果だからである。

「一様円運動の原理」の遵守。これこそコペルニクスを駆りたてた動機である。すると事態はいくらか奇妙なことになる。かの原理はギリシャ天文学以来のものであり、コペルニクスの理論的革新は、ギリシャへの回帰という復古主義的な精神に根ざしていたことになるからである。しかし、源泉への回帰（ラテン語では、ad fontesという）が新しい事態を引き起こしたと言わねばならない――まさに、ギリシャの古典文芸を復興することによってイタリア・ルネサンスが花開き、原始キリスト教会へ回帰することをもってプロテスタント運動が推進されたように。この意味において、コペルニクスの天文学は天文学のルネサンスなのだ。

しかしまだ問いは残されている。一様円運動の原理を遵守することがどうして「地球は動く」ことを導き出してくるのだろうか。原理の遵守を標榜していたイスラームのマラーガ学派もコペルニクス以前の一三〜一四世紀に活躍していたけれど、プトレマイオスの地球中心説の内部修正にとどまり、太陽中心説へは至らなかったからである。現史料による限り、太陽中心説はやはりコペルニクスの独創なのである。独創へと至るその道筋を今やあらためて吟味しなければならない。いよいよ頂上は間近だ。

コペルニクスはいかにして太陽中心説に到達したか。理論的革新の具体的道筋は、アメリカの天文学史家スワードローの分析により、かなりの程度確実に推定できるようになった。先に述べたように、コペルニクスは『アルフォンソ表』（一四九二年版）と『三角関数表』（一四九〇年版）の二冊にさらに一六葉の白紙を加え、合本していた。これは現在スウェーデンのウプサラ大学に所蔵され、Uppsala Univ. Bibl. 34. VII. 65という番号がついている。「ウプサラ・ノート」と通称される。

ここでちょっとだけ余談。なぜポーランドではなくスウェーデンにそれがあるのかといえば、話はヨーロッパ諸国の大半を巻き込んだ一七世紀の戦争に及ぶ。三〇年戦争（一六一八〜一六四八）のことだ。はじめは神聖ローマ帝国内で起きたプロテスタントとカトリックの小さな紛争だったが、やがてそれぞれを支援する大国が介入して国際的な戦争に拡大した。こうなるともはや宗教戦争ではなく、ヨーロッパの覇権をどちらが取るか――ブルボン家（フランス）か、ハプスブルク家（ドイツ）か――の争いとなった。一六三一年、フランスに加担してスウェーデン王グスタフ・アドルフの軍隊が南下してきた際、ポーランドを略奪したときに、その戦利品として故国へ持ち帰ったものだ。コペルニクスの遺品も数奇な運命をたどっているのだ。

閑話休題（本題に戻ること）。ウプサラ・ノートの第一五葉裏（fol. 284v）の数値群が、太陽中心説へ至る道筋を我々に告げている。この数値群の書込みは、後述する理由により、「コメンタリオルス」に先行していたと推測される。ノートのこの部分の写真とその翻訳を掲げておこう（図11、104頁と105頁）。

〈コラム〉ウプサラ・ノートの分析

見れば明らかなように、数値は上段・下段の二組に分かれている。各惑星について、上段では、その離心値（e）、第一周転円の半径（r_1、木星以下では周転円aと称されている）、第二周転円の半径（r_2、同じく、周転円b）の値が与えられており、下段では、離心値に代えて惑星天球の半径（外惑星はR'、内惑星はr'とする）と周転円a、bの半径

〔図11の対訳〕
火星の離心値　6583
　第一周転円　1492〔正しくは、1482〕
　第二周転円　494
木星の離心値　1917　周転円 a 777　b 259
土星の離心値　1083　周転円 a 852　b 284
376　水星の離心値　2256〔2259?〕　周転円　a + b・~~10~~・6・・/100
直径の差　1151　~~59~~　19
〔なぜか金星への言及なし〕

25単位の離心値に対する諸天球の比
火星天球の半径　約38　周転円 a　5$\overline{\text{M}}$34〔60進法の表記で、5;34を示す。セミコロン（;）は小数点。以下同じ〕
　周転円 b〔1〕$\overline{\text{M}}$ 51
木星〔天球〕の半径　130 M 25　周転円 a　$10\frac{1}{10}$　b　$3\frac{11}{30}$
土星〔天球〕の半径　$230\frac{5}{6}$　周転円 a　$19\frac{41}{60}$　b　$6\frac{17}{30}$
金星〔天球〕の半径　18・周転円・a・$\frac{3}{4}$　b $\frac{1}{4}$
水星天球〔の半径〕 9・24・~~周転円 a 1・44$\frac{3}{4}$・1・4 2$\frac{3}{4}$・b 0 34$\frac{1}{4}$~~
　周転円 a・1・41$\frac{1}{4}$ /b・0・33$\frac{3}{4}$　差〔をとると？〕・1・7・$\frac{1}{2}$ /
直径の変動0・29

月の天球の半径 対 周転円 a $\frac{10}{\cdot 1 \cdot \frac{1}{18}}$　周転円 a 対 b $\frac{19}{4}$

$\frac{10}{1\frac{1}{18}}$　$\frac{19}{4}$

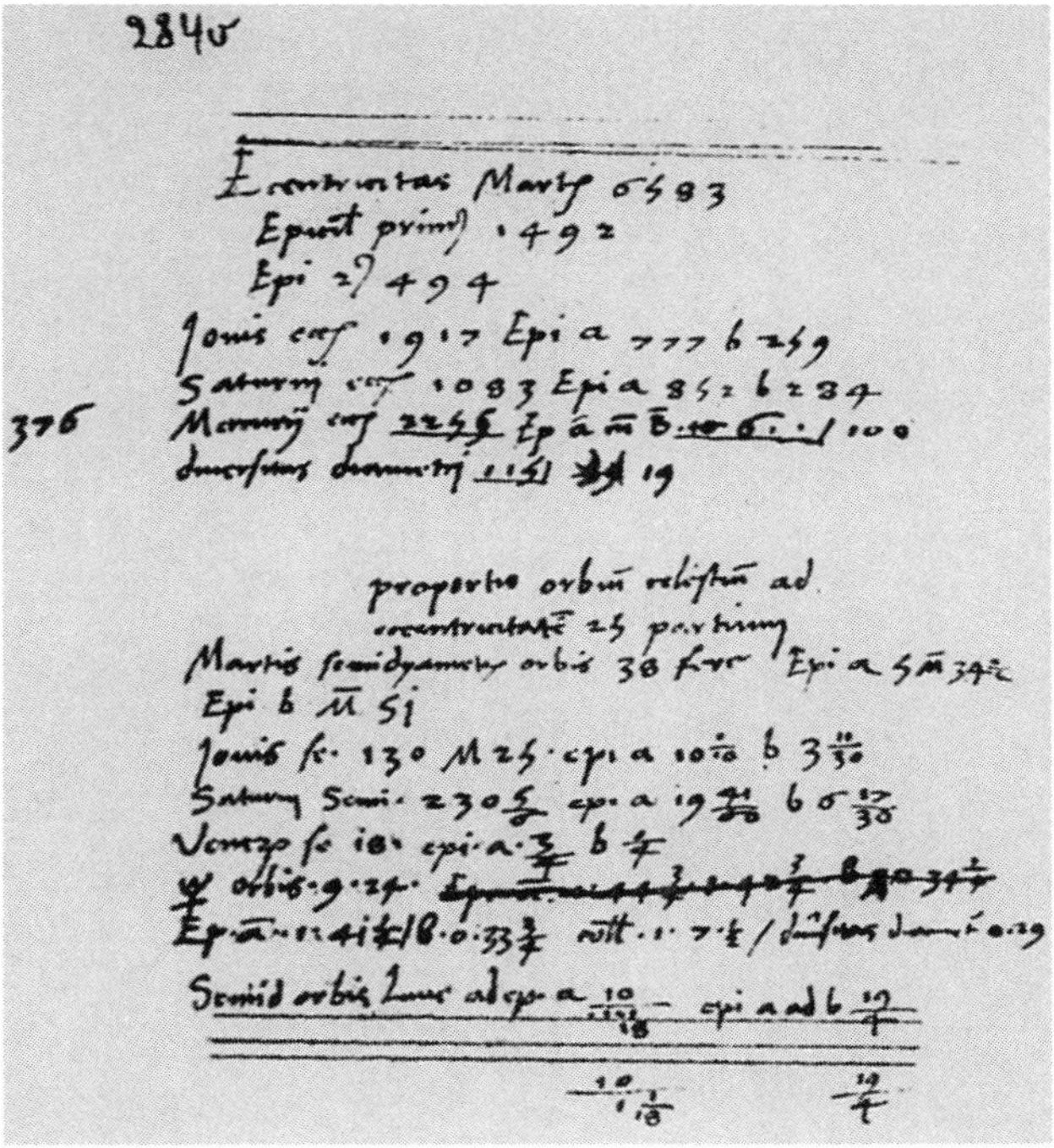

図11　ウプサラ・ノート第15葉裏（fol. 284v）

（それぞれr'_1、r'_2）が与えられている。

下段のR'（r'）、r'_1、r'_2の値は、（水星を除き）「コメンタリオルス」の値と全く同じである。「コメンタリオルス」の数値を後でリストにまとめ直したものと考えることはできない。というのも、水星のr'_1、r'_2の最終的な値に至るまでに試行錯誤の痕跡が見られるし（傍線の削除部分）、またその最終的な値は「コメンタリオルス」の値よりも詳しく、「コメンタリオルス」の値は四捨五入した結果だからである。また、下段の数値が上段の数値から導かれていることが説明できなくなってしまうからである。つまり、このノートの数値は「コメンタリオルス」よりも前に書かれたということである。これは非常に重要なことである。われわれはこのノートにおいて、太陽中心説が生まれる直前の状況に立ち会っているからである。

まず上段から見ていこう。説明が煩雑になるのを避けるため、火星を例にとる。$r_1=3r_2$の関係が設定されていることがまず目を引く。これはマラーガ学派の天文学者シャーティル（一三〇六～一三七五）の関係と同一である。シャーティルは導円（半径$R=60$）の上に、二つの小さな周転円r_1、r_2を乗せ、さらにその上に周転円（半径r）を乗せたのだった（図12、109頁）。しかしコペルニクスはそうしなかった。「離心値」（eccentricitas）という言葉が決定的重要性をもっている。プトレマイオスのように周転円を使って惑星運動の第二変則性（逆行）を説明する方策をコペルニクスは放棄し、離心円モデルに変換したことを示しているからである。コペルニクスが離心値 e と呼んだものは、伝統的な周転円説では周転円の半径 r に対応するものである。コペルニクスは導円半径 $R=10000$ とし、『アルフォンソ表』を利用して e（$=r$）の値を与えている。したがって、この段階でのコペルニクスの惑星理論モデルを図示すれば、図13のようになる。

われわれはコペルニクスの理論的革新の動機の核心が一様円運動の遵守にあることを見た。第一・第二周転円の導入は原理を救済するための仕組である。そして小周転円の相対的な大きさの関係（$r_1=3r_2$）は、「一様円運動を遵守する」という態度から、ある意味では自然に出てくる。というのもその関係は、プトレマイオスの惑星理論において周転円中心Cがエカント点に対してどう振る舞うかを模擬するための境界条件から導かれるからである（その条件は、$r_1-r_2=e$　かつ　$r_1+r_2=2e$ となるが、なぜそうなるのか、興味のある読者は図12を見ながら考えていただきたい）。したがって、原理的忠実さを求めるコペルニクスの念頭に、シャーティルの地球中心の惑星モデルが浮んだと想定することは可能だろう。つまり、イスラーム天文学の影響を想定しなくとも、コペルニクスがこのところまでは独立に歩を進めたと考えることはできるだろう。

しかし、なぜそれに代えてコペルニクスは図13の離心円モデルにしたのだろうか。二つの可能性が考えられる。一つは、小さな二つの周転円の上にさらに大きな周転円を乗せる理論構成を、コペルニクスはあまりにも無体裁なものと判断したのかもしれないということ。つまり審美的な判断の結果だったと解釈する道である。しかしもう一つの可能性があり、私としてはこの可能性の方が高いと考えている。それは、大きな周転円上を動く外惑星Pの運動は、他の三つの運動と拍子が合っていないことである。惑星Pの運動は地球Oから見た太陽S（正確には、平均太陽の$\bar{S}$）の位置に規定されている（図7－2（51頁）における$CP /\!/ O\bar{S}$の関係）。惑星運動の太陽に関するアノマリ（第二変則性）一つならば、離心円一つのシステムに変換できることをコペルニクスはよく知っていたはずである。彼の主要情報源であるレギオモンタヌスはすでにこのことを指摘していたからである。

上段の数値が示す惑星理論モデル（図13）において、すべての惑星に対し導円半径Rを一定の一〇〇〇〇としたうえで、各惑星に対しeの値を求めている。そのeの値は各惑星によって異なるから、点Mの位置は惑星ごとに異なっている。しかしOM方向に太陽$\bar{S}$が位置していることはすべての惑星に共通である。重要な一歩は、惑星ごとにばらばらな点Mの位置（ただし、いずれも同一直線$O\bar{S}$上にある）を一点にまとめてしまい、その点に太陽$\bar{S}$があるとしたことにある（ここで図7の(b)（51頁）図をもう一度見るとよいだろう）。下段の書き出しの句「二五単位の離心値に対する……」が語っているのはまさ

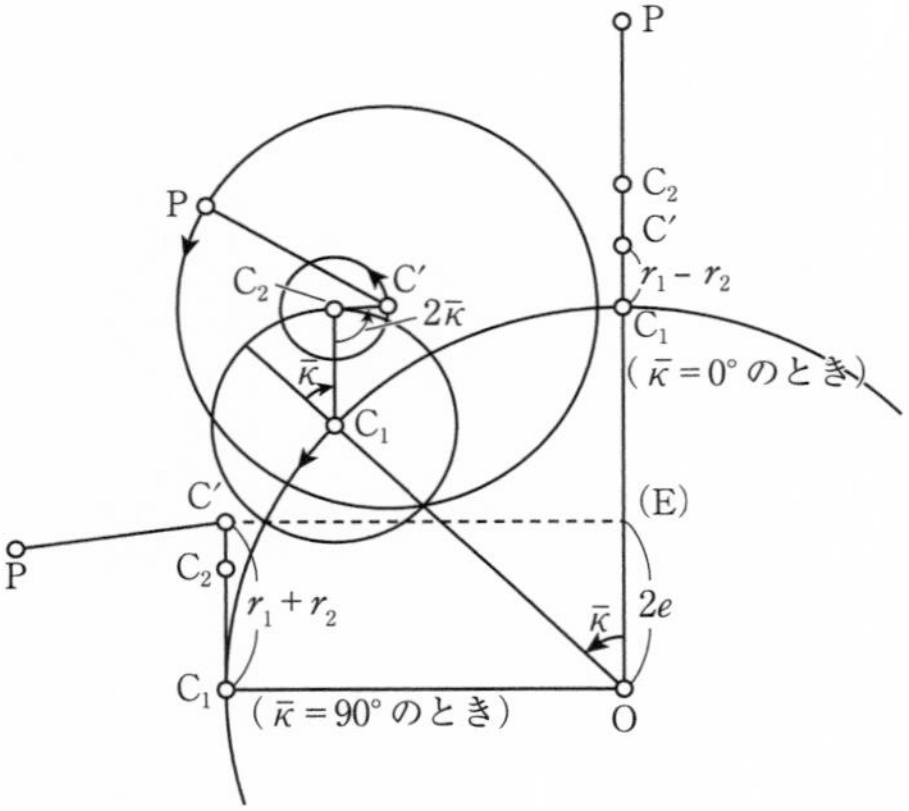

図12　アッ゠シャーティルの火星モデル（点Oは地球、Pは火星、C' は周転円の中心）R=60, r_1=9;0, r_2=3;0, r=39;30（セミコロンは小数点）。円 C_1と C_2の大きさは誇張してある。

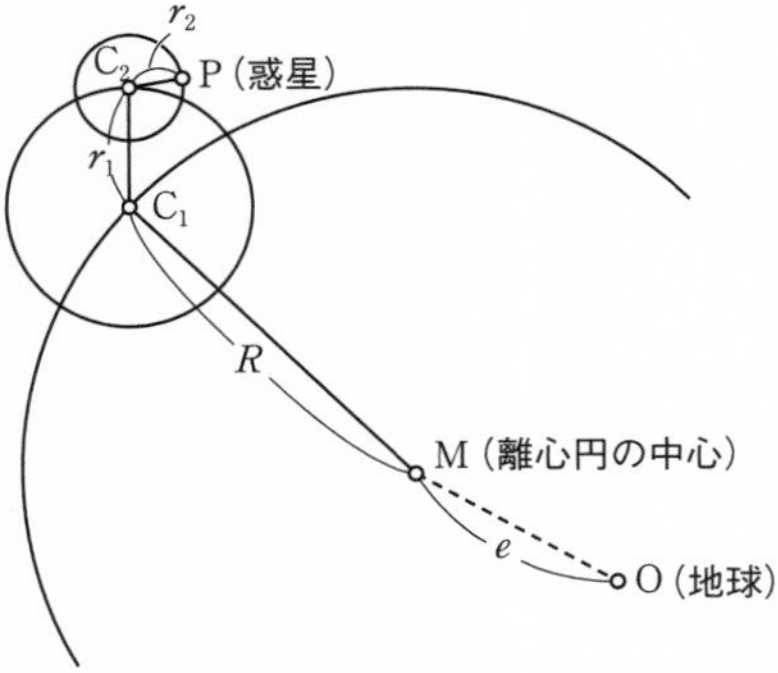

図13　ウプサラ・ノート上段の惑星理論モデル

にそれであって、「コメンタリオルス」における「地球軌道」の離心率1／25と関係している。その離心値を1とすると、太陽軌道の半径は二五（=e_0とする）になるのである。したがって、五惑星すべてに対しOM＝e_0を一定としたこの時点で、図13の点Mの所に太陽Sが位置することになった。

　ばらばらだったeの値をe_0に統一したのだから、それに応じて各惑星のRの値を変化させねばならない。それを示しているのが下段の数値であって、それは単純な比例計算によって導出される。周転円説の惑星理論モデルは角距離（つまり方向）さえ正確に予測できれば十分だったので、惑星距離（つまり長さ）は伸縮自在であった。$R:e=R':e_0$の相似関係を保ちつつ、eをe_0に変化させた分だけ、RをR'に変化させればよいのである（ただし、R=10000、e_0=25、eは上段の値）。

　よって、R'の計算式は、$R'=Re_0 \div e=250000 \div e$となる。下段の第一・第二周転円の半径、$r_1'$と$r_2'$も同じような比例計算から求めることができる。興味のある人は実際に計算して確かめてみてください。

以上がウプサラ・ノートの数値が語る内容である。われわれはここで重要な事柄に目を向けなければならない。たしかに惑星天球は太陽を中心として回転しているが、（一）太陽が地球の周りを回転するのか、それとも（二）地球が太陽の周りを回転するのか、はまだ決着がつけられていないことである（この理由から、図13では、M［今ではSだが］にもOにも円が描いてないのである）。

しかし「決着がついていない」というのは正しくない。むしろ次のように述べるほうが事態のより正確な記述となるであろう。コペルニクスは「地球が動く」ことをまず仮定して探究を開始したのではない。「一様円運動の原理」に忠実であろうとして、周転円説の修正に手をつけたのだった。したがって、太陽が運動することを疑問視する理由は全くなかったと言わなければならない。

選択肢の（一）こそ、彼が当然のこととして前提していた事柄であると推測してよい。地球を中心として太陽が回転し、その太陽を中心としてすべての惑星が回転している。この宇宙体系は、科学史家がコペルニクスより後のティコ・ブラーエの名をとって、「ティコの体系」と称しているものに他ならない（一九一頁の図18を見てください）。

この関連で非常に興味深いのは、『天球回転論』第I巻第一〇章でマルティアヌス・

カペッラ等の伝えるポントスのヘラクレイデスの部分的太陽中心説（水星と金星の二つは太陽を中心として回転し、太陽は地球の周りを回転する）に言及した後に、コペルニクスはこう書いている。「ここでこの機会を捉え、もし誰かがさらに土星と木星と火星をまさにあの中心（＝金星・水星の回転中心たる太陽）に関連づけ……」と語っている。これはまさに「ティコの体系」にコペルニクスが一度は思い至ったことを強く示唆している。

地球を動かすことを決意した瞬間

コペルニクスが選択肢（一）を捨て、選択肢（二）を採るのは、ウプサラ・ノート以後、「コメンタリオルス」執筆以前である。あるいは、両者の執筆時期がほぼ同じ頃であったとすれば、彼はただちに選択肢（二）を採ったのである。コペルニクスにとって、選択肢（一）は考え難い帰結をもたらした。そのきっかけは、火星の問題であったと推測される。選択肢（一）に従って火星のモデルを縮尺通りに描くと、図14(a)のようになる。太陽が回転するとすれば、火星天球と地球の最小距離は$R'-e_0=38-25=13$となり（r_1'、

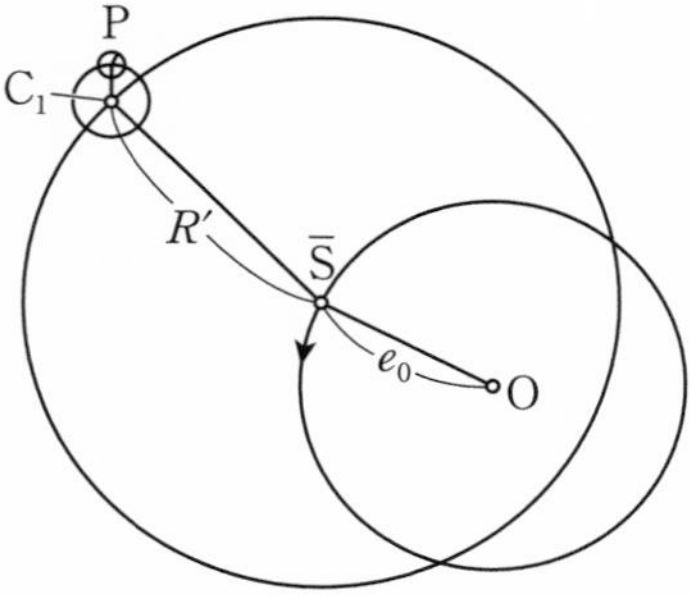

(a)

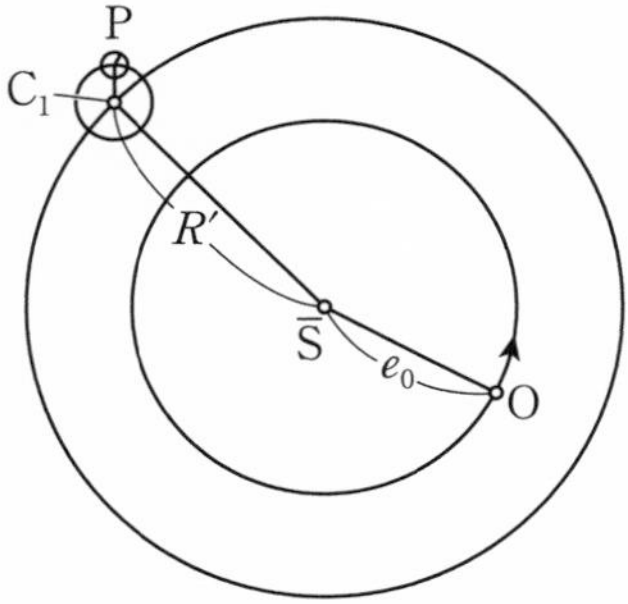

(b)

図14　(a)火星天球と太陽天球の交差
(b)地球の公転による天球交差の回避

e_2は小さいので無視してよい）、それはe_0よりも小さい。つまり、火星天球と太陽天球が交差してしまうのである（他の惑星ではそうならない）。

この天球交差に関しては、しばしば誤解があるようなので、念のためいくつかの補足をしておこう。まず、火星と太陽が衝突するという非合理な事態が生じてしまうというのではない。両者は常にR'だけ離れている。あくまで両者の天球相互の交差である。そしてよくある誤解は、火星の天球だけではなく、水星や金星の天球も太陽の天球と交差しているではないか、というものである。しかし実在論的には、コペルニクスの場合（太陽に対する周転円と見なされ、天球半径も25より小さい）水星天球（9）と金星天球（18）を上下から包み込むように太陽天球のドーナツ状の円環が想定されていると考えれば（コペルニクスの情報源のポイアーバッハはそう考えていた）、何の問題もない。しかし、火星の天球の場合には事情が異なる。火星天球の半径（38）が太陽天球の半径（25）よりも大きく、直径（50）よりも小さいことがネックになるのである。火星天球を包み込むように太陽天球のドーナツ状の円環が想定できないからである。木星と土星の場合には、その半径（130と230）は太陽天球の直径より大きいので天球交差の問題は生じない。火星の場合だけ、太陽天球との交差が問題になるのである。

天球相互の交差は自然学的には考え難いことであった。もしコペルニクスが天球を単なる数学的虚構にすぎないと見なしていたならば、これは何ら問題とはならなかった。しかしコペルニクスはそう考えていなかった。地球の「傾斜運動」のときに述べたように、コペルニクスは伝統的な天球概念を保持していたのである。天球が何らかの物体的存在である限り、物体が相互に浸透して自由に回転しうるとはとても考えられなかったであろう。選択肢（一）は伝統的了解と衝突する。しかし、選択肢（二）を採れば、図14（b）が示すように、天球交差は回避できる。コペルニクスが「地球を動かす」ことに決意したのは、まさしくこの時点だったろう。コペルニクスにとって「地球の公転運動」という着想は焦眉の問題に対する一つの解決策を示唆するものだった。しかし地球が運動するという証拠があったわけではない。むしろ、地球が静止していることは感覚的には自明のことだったし、それを裏付ける強力な自然学的議論もさまざまに展開されていた。証拠が全くない時点で、その破天荒な着想をコペルニクスが捨てきれなかった理由もまた同時にあっただろう。「地球は運動している」という（目下のところ根拠はない）仮説をとりあえず採用し、その含意を検討してみると、たとえば、惑星運動の第二不等性（逆行運動）の理解の仕方、その大きさや頻度などについて、その新しい視点がいかに豊かな内容をもっているか、それが明らかになってきたからではないかと推測される。

その豊かな内容のひとつを述べておこう。プトレマイオス説では、太陽・水星・金星は地球の周りをどれも一年で回転するので、その周期に基づいて配列順序を決定することができなかった。しかしコペルニクス説によれば、惑星の逆行は地球と惑星の追いつき・追い越される関係から説明されることになったので、この「三惑星」の周期が決定される。水星を例にとろう。水星の逆行周期（会合周期という）が一一六日であることは観測データから知られていた。大雑把に地球の（古い理論では太陽の）公転周期を三六五日とすると、一一六日間に地球は三六五分の一一六回転している。コペルニクスの逆行の説明を踏まえれば、その間に水星は地球を追い越してから、また追い越すことになるから、

（116/365+1）　回転しているはずである。

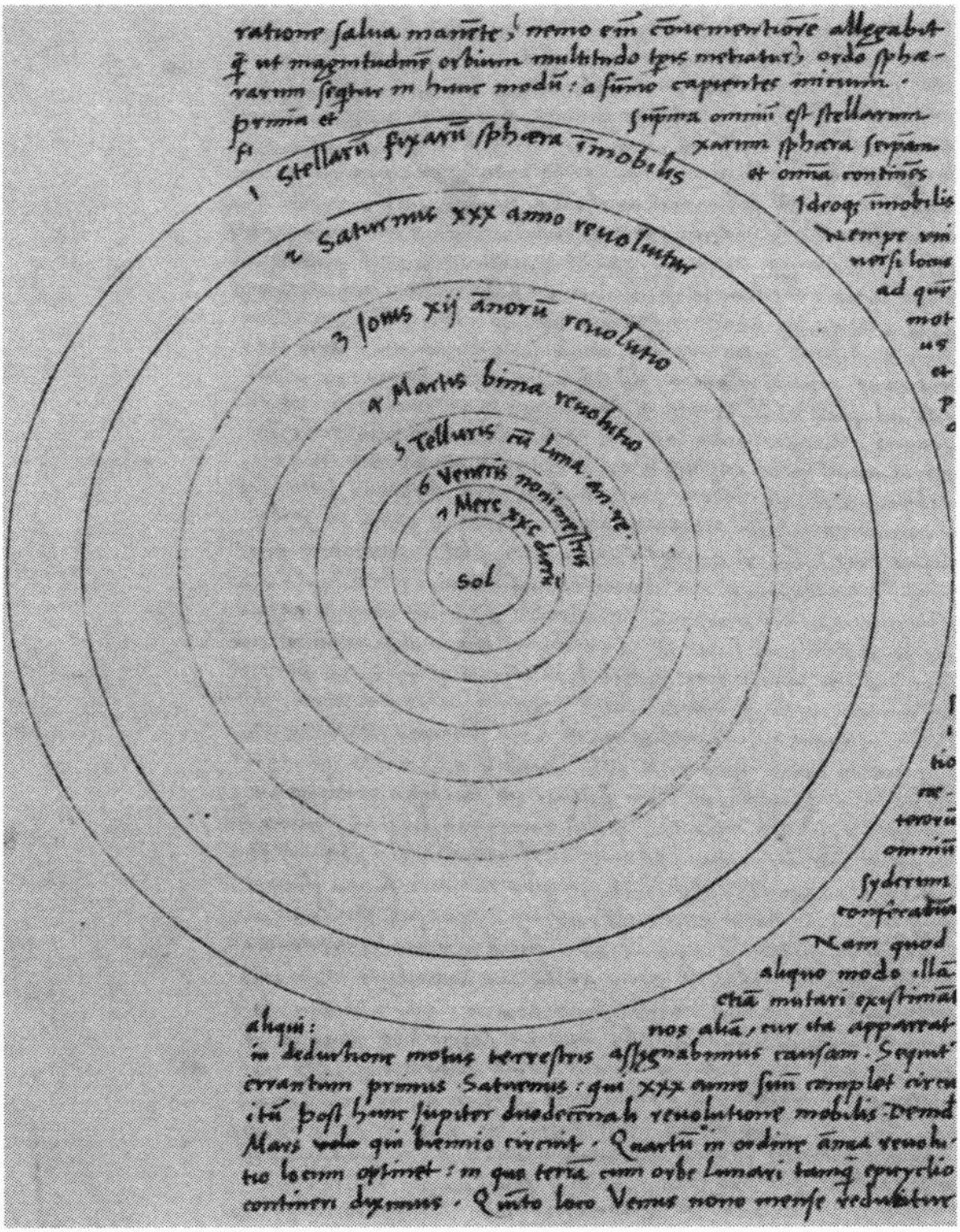

図15　コペルニクス直筆の宇宙の体系図（図の周りにテキスト本文が書いてある）。宇宙の中心に太陽（ラテン語でsol）が座している。外側の恒星天球から数えて5番目が地球の天球で、ラテン語で「月を伴った地球の年周回転」と書いてある。

したがって水星の周期Tは、$T=116 \div \left(\frac{116}{365}+1\right) \fallingdotseq 88$日と求められる。同様に会合周期五八四日の金星の周期を求めると二二五日となる。したがって回転中心の太陽に近いものほど短い周期で確かに回転しているのである。(周期の求め方が正しく理解できたかどうかを確かめる練習問題を出しておこう。火星の会合周期は七七九日。ここから火星の周期六八六日が計算で出せるかな? 水星の場合とは違って、火星は地球に追い越される側に回ったことに注意)

こうしてコペルニクスはプトレマイオスでは得られなかった成果を得たわけである。ここで宇宙の体系的構造を示すコペルニクス直筆の図を見ておこう(図15、117頁)。太陽系モデルが歴史上初めて姿を見せた貴重な図だ。

いずれにせよ、コペルニクスにおける天球の概念は強調するに価する。それは古い伝統的な概念から彼が脱しきれなかったという意味ではない。われわれの今までの叙述が正しければ、コペルニクスに決定的な一歩を歩ませたのは天球概念である。一様円運動の遵守から始まった彼の探究は、思いがけない形で、地球の公転運動を要請したのである。一見逆説的なことだが、天球という伝統的な考えをもっていたからこそ、コペルニクスは革新をなしとげることができたのである（その逆の事例を我々はティコにおいて見ることになる）。そしてこの革命的アイデアは天球交差という問題への解決であるが、それはまた新たな問題の出現を招く事態でもあった。「地球を動かす」という革新は、それ自体どのような豊かさと深刻な問題を含み、どんな問題へ波及していくのだろうか。ひとつの難関を突破したら、また別の難関が待ち受けていたというわけだ。コペルニクスはどうするのだろうか？

第三章　天文学者として名が広まる聖堂参事会員

職務に追われる日々

「コメンタリオルス」の結論部分は、執筆時のコペルニクスの楽観的な気持ちを伝えているようだ。「かくして、水星は全部で七つの円でめぐっている。金星は五つ。地球は三つ。その周りを月が四つ。最後に、火星・木星・土星はそれぞれ五つ。したがって、以上の次第であるから、全部で三四個の円で十分であり、それらによって宇宙の全構造および星々の輪舞全体が説明されることになる」。地球を公転させる「偉大な天球」一個を仮定したので、プトレマイオスの場合には必要とされた五個の円（外惑星では三個の周転円、内惑星では二個の導円）が不要になった。この意味では確かに理論は定性的には単純化された。しかし、定量的にも満足のいく理論に仕上げるにはもっと多くの円を必要とし、そのために多大な時間と労力を要することになる。しかしコペルニクスにとって不運なことに、天文学研究のために割きたい時間は、突発的な事件とその対応に追われ、思うように取れなくなるのである。

フロンボルクに戻ってから、一五一一年から一五一三年の間は参事会の尚書係として、公文書の作成と保管、金融取引の記録作成などの仕事に当たっていた。しかし思いがけないことに、一五一二年三月三〇日、ワッツェンローデ司教がトルンで亡くなった。早急に後任司教を選出しなければならない。ワーミアという弱小司教領をその外交的政治的辣腕で防衛していた叔父の死を機に、隣国チュートン騎士団の侵略は烈しさを増してきていたからである。

しかし任命に至るまでのプロセスはかなり煩瑣《はんさ》であった。まず参事会が候補者を選出し、次にその候補者についてポーランド王の承認を得なければならなかった。ワーミア司教領はポーランドに組み込まれ、司教の任命権に関与する権利を王が持っていたからだ。そしてまたローマ教皇庁の認可も受けなければならない。ファビアン・ルジャンスキーが後任の司教として参事会で選出されたのが一五一二年の四月五日（比較的迅速な処置だ）。翌六日には同僚の参事会員ティーデマン・ギーゼ（一四八〇〜一五五〇）がローマ側との折衝役と決まり、ポーランド側との交渉には助祭長のスクルテティとワーミア教区長ストックフィッシュの二人が当たることが六月一日に決定された。それからは、事前の会議、相手方との予備交渉、そのための資料作り、正式交渉、任命式の準備等々をこなしていかなければならない。認証手続きが完了したのは一五一二年一二月末頃のことであった。

この頃、ワーミア司教区の外の世界では、カトリック教会全体にとっての問題が論じられようとしていた。一五一二年から一五一七年にわたって開かれた第五回ラテラノ公会議である。この会議の当初の目的は教会改革であったが議論されず、教会は自己改革の機会を失い、公会議終了後にはマルティン・ルターが九五箇条の論題をヴィッテンベルクの門扉に提示して宗教改革の口火を切ることになる。だが教会改革の一環として、教会暦の改革は議題にのぼった。

教皇レオ一〇世は全ヨーロッパの天文学者に改革意見を求め（一五一四年）、コペルニクスも『天球回転論』の序文の末尾で述べているように、実務担当者ミドルブュルフのパウロより、改暦の意見を懇請された。コペルニクスが回答した記録は残っているが、手紙は残っていないため、残念ながらその内容は不明である。正確な暦を作るためには、一回帰年の長さを精確に決定しなければならない。しかしそれにはさまざまな要因――歳差率の変化、黄道傾斜角の減少、遠地点経度の非一様な運動など――がからんでおり、容易には解決できない難問だった。「コメンタリオルス」では地軸のゴマすり運動（「傾斜の運動」）で説明しようとしていたが、定性的な説明の方向性を示しただけの未熟なもので、数値パラメータは与えられていなかった。必要な観測データを自ら加え（一五一二～二九年のデータ）、古代のデータと比較してパラメータを導出するなど定量的説明の精度を上げるために多くの時間を要した。「コメンタリオルス」の理論ではまだプトレマイオスの理論に対抗できなかった。

自ら観測してデータを集める必要をコペルニクスは感じ始めていたようだ。一五一四年三月一七日の記録により、フロンボルク城壁外の南西側の丘に執務室をすでに移しており、その使用料として第一回分割金七五マルクをコペルニクスが支払っていたことが分かる（次回は次の二年間に一〇〇マルク支払予定）。そしてその約一年前には、大聖堂所有のレンガ工場と石灰置場からレンガ八〇〇〇個と石灰一バレルを自費で購入した記録が残っている。新しい執務室付近に観測所を建設するための資材を購入したのではないかと推測される。

　ここでコペルニクスの観測器具をみておこう。彼が『天球回転論』で述べている器具は三つある。太陽観測用の日時計（同書第Ⅱ巻第二章）、恒星用のアーミラリ天球（渾天《こんてん》儀《ぎ》、第Ⅱ巻第一四章）、そして三本の定規を組み合わせたものでパララティクムと称される天頂角距離を観測するためのもの（第Ⅳ巻第一五章）。最初のものはオルシチンの館の壁を利用したときの痕跡が残っているし、最後のものはティコ・ブラーエが弟子を派遣して調査させ現物を持ち帰ったのでコペルニクスが実際に使ったことがはっきりしているが、二番目のものは現物があったかどうか、また実際に使用したかどうかははっきりとしない。そして観測の精度については、ある天文学史家の次の言葉を信用してよいだろう。「彼はとくに観測の才能があったわけではなく、その観測の正確さにはむらがあった」。レティクスの報告によれば、角度で一〇分という古代からの観測精度で満足していたらしい。お月様の円盤を見込む角度（視角という）は約三〇分なので、どのくらいかは皆さんも感覚的に想像できるだろう。コペルニクスは『天球回転論』では自らの観測値を二七個使っているが、使用されないにしても記録の残っている観測例は四〇ほどある。記録に残っていないものまで含めると、その生涯では、何百にものぼる観測をしただろう。

一五一六年一一月から一五一九年一一月まで、コペルニクスは参事会聖職禄の管理者としてオルシチン城に住まいを移し、そこを拠点として近郊の村々を訪ねる日々を過ごした。地代の徴収、借地契約書の締結、荒廃農地の管理などの業務をこなし、歴代の管理者が記録し保管してきた「荒廃農地の賃貸借契約記録簿」にコペルニクスの仕事ぶり（六六項目に及ぶ）が残っている。ドイツ騎士団の相次ぐ侵略と戦闘と略奪によって、参事会の所領にある農地は荒廃し農民の生活が窮乏するなか、小作農民の逃亡が多いのが目につく。一五一六年一二月から一五一七年八月までの記録からランダムに引用してみよう。「ダウムシェンからボドナーが三区画購入」。「ヤンが逃亡農夫アスマンの三区画を継承した」。「年老いたウルバンから一区画をマルティンが購入した。コペルニクスはウルバンとその妻を子供のない老人として（つまり、負債を免除して）解放した」。「昨年逃亡し、村長によって連れ戻されたヤコブ・バイナーは故カシェの所有した一区画と荒れ果てた農家を継承し、馬一頭と種まき用穀物を受け取り、一年間地代を免除された」。

聖職禄の管理者として、金銭の授受に関与したことから、通貨の価値についてコペルニクスは考えるようになった。騎士団の侵略はワーミアを含む王領プロシャの都市や農村を疲弊させ、経済状況は悪化していた。また騎士団の偽造した悪質銀貨がその悪化に拍車をかけていた。プロシャとポメラニア地方には、四箇所（トルン、グダニスク、エルブロング、クルレヴィエツ）に貨幣鋳造所があったが、そこで鋳造された貨幣を騎士団は鋳溶《い》かして、銀の含有量の少ない劣悪銀貨に鋳直していたのだ。これで騎士団が大儲けしていたことはいうまでもない。一五一六年エルブロングで開催された王領プロシャ地方議会で、この事実が告発されたとき、コペルニクスは大いに関心を触発されたらしい。一五一七年八月一五日、王領プロシャにおける通貨改革論文の第一稿「ニコラウス・コペルニクスの考察」が仕上がり、二年後の一五一九年一一月八日以前にはプロシャ評議会の求めに応じ、第二稿「貨幣鋳造の方式：ニコラウス・コペルニクスの貨幣論」へと進み、一五二八年三月二九日以前にはプロシャ通貨の改革についての決定稿『貨幣鋳造の方法』が完成した。

この最終版でコペルニクスは「悪貨は良貨を駆逐する」との考えを明瞭に述べている。

これは後にイギリス国王の財政顧問であったグレシャム（一五一九〜七九）の名をとって「グレシャムの法則」と称されることになった主張であるが、コペルニクスは三〇年以上も前に提唱していたのである。また通貨改革についての提言にも独創性を示し、ポーランド王の権限のもとで統一銀貨を新たに流通させること、鋳造所をせいぜい二箇所（王の直轄領と公の領地）に限定し、貨幣鋳造により利益を得ることがないようにすること、旧貨をすみやかに流通過程から回収すべきことなどを説いている。

しかし第二稿から決定稿へ至る九年間に、ワーミアとそこに生きるコペルニクスは苦難と苦渋に満ちた時間をまたもや迎えることになった。ドイツ騎士団が最後の猛攻を仕掛けてきたからだ。

一五一九年一二月三一日、騎士団長アルブレヒトはフロンボルクの近郊都市ブラニェボを占領し、翌年の一五二〇年一月二三日には団長の命令により、ドイツ騎士団の軍隊がフロンボルクの町と大聖堂の丘にある参事会員のすべての執務室に火を放った。このとき大聖堂だけは助かった。三月一〇日の参事会員ギーゼから司教に宛てた手紙から、ギーゼとアルベルトゥスとティンマーマンはグダニスクに落ち延び、副司教とアレクサンドロスはエルビングに、コペルニクスを含む残りの参事会員はオルシチンに逃げ延びたこと、そしてこの時点で、司教の居城リズバルクは既に包囲されていたが、オルシチン地方はまだ包囲されていないことが分かる。

だがワーミア参事会名義でポーランド王に宛てた一一月一六日の書簡（差出人コペルニクスのサイン入り）では、「……参事会は、今やオルシチンとワーミア司教区全体が危険な状況にあると見ております。ですから、畏れ多いのですが、出来得る限り早く私どもを助けに来てくださり、適切に援助して下さいますよう、伏してお願い申し上げます。たとえわが身は滅びましょうとも、私どもは高貴で誠実な人として、かつまた陛下の忠実な臣下として行動したいと念じております。私どもの全財産はもとより、この身柄も陛下のご配慮にすべてお委ね申し上げます」と救助要請が出されている。

しかしこの書簡は騎士団の妨害にあって奪われてしまったが（だから騎士団の古文書館から発見されたのだが）、ルジャンスキー司教の救助要請が別ルートで王に届いていた。だがコペルニクスはオルシチン攻撃を予期して、エルブロングにいる参事会員たちに援護を依頼して、食料、衣服、武器などを確保し、城の防備を強化して周到に準備をしていた。一五二〇年一二月二二日にアルブレヒトが五〇〇〇の軍勢を率いてオルシチンに侵攻してきたが、翌一五二一年の一月に近隣の七つの村が焼き払われても、守りを固めたオルシチン城は何とか持ちこたえた。王国の軍隊が到着してからは形勢が逆転し、結局、騎士団は撤退し、二月には休戦協定が結ばれた。そして同年五月六日から五月三一日までの契約記録簿の記載項目から、コペルニクスが参事会聖職禄の管理者の通常業務に戻ったことが分かる。それまでコペルニクスの生活は多忙をきわめ、天文学の研究に打ち込む時間はほとんどなかっただろう。

しかしまたもコペルニクスの肩には重責が負わされた。一五二三年一月末日にルジャンスキー司教が亡くなった。モーリス・ファーバーが新司教に選出され、一〇月に正式認可されるまで、コペルニクスは暫定行政責任者に選ばれ、ワーミア司教区の責任を負うことになった。コペルニクスに寄せる同僚参事会員の信頼が厚かったことを示しているだろう。

一五二五年四月八日、ポーランド王国とドイツ騎士団の間でクラクフ和平条約が締結され、戦争は最終的な決着をみた。そしてドイツ騎士団は解体され、団長はプロシャ公爵となりポーランド王の傘下に属することとなった。そして公爵はローマ・カトリックからルター派へと宗旨を改めてしまった。

対プロテスタントへの対応では、ワーミア司教区は強硬路線をとることになる。一五二六年、ルター派の書物は禁止され、ルター派を追放する布告が出された。また、ファーバー司教がポーランド王に宛てた書簡（一五三一年一〇月九日付）では、エルブロングにやって来たオランダ人の中にルター派とツウィングリ派の連中がおり、市民に悪影響を及ぼすので、王が異端活動を禁止し、彼らを町から排除するよう要請している。しかしコペルニクス及び同僚で親友のギーゼは穏健な路線をとっていた。カトリックとプロテスタントとに分裂した教会の現状に対し、ギーゼは平和と善意と寛容の精神のもとに両者の和解を説いた神学上の著作『アンテロギコン』をかつて出版した（一五二五年）ことがあったが、保守派の反発を恐れ、その出版を躊躇《ためら》っていたときに、「印刷して公表するようにと説得してくれたのはニコラウス・コペルニクス」であった。神学と天文学というように両人の得意とする分野は異なっていたが、お互いの仕事はよく理解して励まし合っていたのだろう。多数派からは受け入れられなかったにしても、理解しある友がいることは大きな慰めであったに違いない。

天文学者としての名が広まっていく

忙しい中にあっても、コペルニクスは天文学に集中する時間を何とか工夫して見つけていたようだ。「コメンタリオルス」のコピーが私的に広まって天文学者として名が通り始めていたコペルニクスに、クラクフの参事会員で友人でもあったベルナール・ヴァポウスキ（著名な地図製作者でジギスムント王の秘書でもあった）がニュルンベルクの数学者ヨハン・ヴェルナー（一四六八〜一五二二）の著作『第八天球運動論』（一五二二年刊行）を送ってきた。コペルニクスは見解を求められていた。これがきっかけとなり、コペルニクスは率直に意見を述べた私的書簡を書いている。後に「ヴェルナー論駁《ろんばく》書簡」と呼ばれるようになるが、一五二四年六月三日の日付である。コペルニクスの自筆書簡は残っていないが、現在七つのコピーが残っている。

地球中心の伝統的な天動説の理論では、前に述べたように、第八天球とは恒星天球のことである。恒星天球は一日に一回東から西に回転し、その内部にある惑星天球全体に日周回転を与えている。しかし紀元前二世紀のヒッパルコスの時代に、春分点に対して恒星の位置が変化していることが認められた。

つまり歳差運動の発見であり、現代的には、地軸の回転により春分点が西向きに運動することであるが、天動説の集大成者プトレマイオス以来、不動の春分点に対して第八天球がそれ固有の運動で他の惑星と同様に東向きに運動していると見なされた。その運動の説明のためにまず第九天球が要請されることになる。

また、プトレマイオスは歳差率を角度で一〇〇年に一度と見積もってしまった。ここが新たな問題の出発点だった。後知恵でいえば歳差は一様に変化し、七二年に約一度移動する（三六〇度を一周するのに約二万五八〇〇年もかかる）。しかしプトレマイオスが上記の歳差率を採用したため、それは非一様に変動するという誤った考えが生じてしまった。

この非一様な運動を説明するのが第八天球に関する問題であり、そのためにさらに天球をいくつか想定して「一様円運動の原理」から説明する試みがなされた。ヴェルナーは二つの付加的天球を導入して、その解決を図ろうと試みた。それに対しコペルニクスは「コメンタリオルス」において既に地動説に基づく説明のアイデア(「傾斜の運動」)を提出していたが、ヴェルナーに対するコペルニクスの批判は、私的な書簡という制約もあって、地動説の観点から全面的な批判を展開するものではなかった。彼の批判の要点は天文学の専門的な細部に関するものだったが、天文学者としては適切な指摘と言えるだろう。批判の要点は三つあった。

第一の批判は、「時間の仮定」とコペルニクスが呼んだもので、ヴェルナーがプトレマイオスの観測データの年代を西暦一三九年ではなく一五〇年としたことで、一一年のズレが生じてしまったことの指摘である。内容的に重要なのは、第二の批判である。歳差運動が一様運動なのか否かが問題となっている。ヴェルナーはプトレマイオス以前の四〇〇年間に歳差が一様であったと仮定した。この仮定をコペルニクスは数値計算をもって批判し、ヴェルナー自身の理論の内部矛盾を鋭く指摘している。

伝統的に天文学は数学の一分野と考えられており、数値計算を真骨頂とする天文学者コペルニクスの姿をここに見ることができる。そしてヴェルナーが理論的矛盾をプトレマイオス等の古代の観測データの不備に帰そうとしたことにも批判を加えている。コペルニクスは「彼の愚かさが極まる」といった厳しい言葉遣いで批判しているが、皮肉なことに、ここはコペルニクス自身の古代観測データへの過度の信頼を表明する結果になっている。後にケプラーからは、古代の観測データを尊重しすぎたとして批判を受けることになる。

問題を見つけ考え抜いたものに閃きが訪れる

「コメンタリオルス」を執筆したとき、コペルニクスはある計画を胸に抱いていた。それについて私の推測を述べておこう。七つの要請を書いた直後に彼はこう書いていた。「さて以上のことを仮定して、運動の一様性がいかに秩序正しく保たれうるかを私は手短に明らかにしたい。しかしながら簡略化するために、私は数学的証明はすべて省略し、大著に委ねることにした」。

つまり、数学的な証明を付した大著を書く野望をすでに表明していた。「コメンタリオルス」は英語に訳すと「a short commentary」、まさに「短い解説」で、自分の新説のエッセンスのみを記していた。だから想定された「大著」はプトレマイオスの『アルマゲスト』に匹敵するものだっただろう。しかしその『アルマゲスト』について、コペルニクスはレギオモンタヌスの『アルマゲスト綱要』を通してその理論内容はよく知っていたが、『アルマゲスト』そのものを目にしたわけではない。『アルマゲスト』の最初の印刷本はヴェネツィアで一五一五年に出版された。それは、クレモーナのゲラルドゥスによる一二世紀末のラテン語訳を印刷したものだった。この印刷本をコペルニクスがいつ入手したか、正確な日付は分からないが、コペルニクスが『天球回転論』を『アルマゲスト』を手本として実際に構成したことは疑いない。レティクスは『第一解説』（一五四〇）でこう証言している。「わが師は、神の恩寵《おんちょう》により、天文学の再興を完遂するという幸運をプトレマイオスと共有し……。わが師は、プトレマイオスを模倣して、天文学全体を包括する六巻からなる著作を書き上げ、個々の命題を数学的に幾何学的方法によって詳しく述べ、証明しています」。

『天球回転論』はまさにこの通りなのだ。平面および球面の三角法定理の数学的証明、一〇二二個に及ぶ恒星の経度と緯度の表の作成、古代の観測データの取捨選択と自らのデータの収集、理論の再考と修訂、膨大な量の数値計算、多数の図版の作成、そして地球が動くことについての自然哲学的考察……などなど、その執筆作業は骨の折れる膨大な作業の連続だったに違いない。コペルニクスはこうした作業を、日々、時間を見つけては忍耐強く続けていたのである。発明王エジソンの言葉が思い起こされる。「天才とは、一パーセントの閃き（inspiration）と、九九パーセントの努力（perspiration）である」。そしてもしこれに付け加えることがあるとすれば、「問題を見つけ考え抜いた者に、閃きが訪れる」ということだろうか。

大きな野望を持ちながら、そして一歩ずつ前進しながらも、早く完成させるための時間は細切れにしか取れなかっただろう。かなりのストレスがあったかもしれない。『天球回転論』で使用されたコペルニクス自身の観測データで最も新しいものは、一五二九年のものだから、この頃あたりから執筆も終盤に差し掛かっていたかもしれない。そして後述する理由から、一五三五年頃には一応脱稿していたと思われる。しかし、六〇歳近い老境を迎えたとはいえ、聖堂参事会員としての日常的仕事の忙しさは相変わらず元のままだった。

多忙な日々と捏造されたスキャンダル

一五二八年にプロシャ通貨の改革についての決定稿『貨幣鋳造の方法』をコペルニクスが完成していたことは前に述べたが、それは通貨改革の政治的折衝がこれから開始されることを意味したに過ぎない。一五二八年五月八日から二〇日にかけてマルボルクで開催された王領プロシャ総会で通貨専門委員会が設立され、コペルニクスも委員の一人に選出され、新しいプロシャ通貨が鋳造されるまで旧通貨をどのように廃棄すべきか、また新通貨の形と大きさも審議したが、それぞれの思惑がすれ違い、合意には至らなかった。翌年の二月にエルブロングで開催された総会でも相変わらずの膠着《こうちゃく》状態が続き、一五三〇年一〇月になっても通貨に含まれる金や銀の比率について議論はされたが、結局、問題は先延ばしされた。

一五三一年には、穀類の価格に依存するパンの実質と価格の関係について、パンのオルシチン公示価格といわれるものについて論文を書き、リズバルク、オルシチン、ワーミア司教区の他の都市でも法的拘束力を持つようにさせる仕事もしていた。

医師としての活動は必要に応じて続けられたようだ。記録に残っているところでは、一五三一年末から一五三二年にかけて、ファーバー司教は重篤な状態になり、医師コペルニクスは対処法と医薬の処方箋を送っている。しばらくは持ち直していたが、一五三七年七月一日にファーバー司教は脳卒中で死亡。それまで、コペルニクスは何回か必要な治療をしていたようだ。また司教や同僚参事会員のみならず、一五三二年の二月二四日には同僚参事会員の姉妹の胃痛について処方箋を書いた記録も残っている。これからみると、司教区領民の医療にも当たっていたのではないかと思われる。

一五三三年六月に現れた彗星についてコペルニクスはヨーロッパの有名な学者たち——アピアヌス、スカリゲル、カルダーノ、ゲンマ・フリシウス（今では知られていないが、当時はみな著名な学者だった。興味のある人は調べてみよう）——と同年の後半頃に討論をしたらしい。アリストテレスの哲学では、彗星は地上の蒸発物が月の天球のすぐ下の火の領域で燃える現象、要するに、彗星は地上界の現象だとしていたので、彼らの議論の内容が分からないのは何とも残念なことだ。

一五三七年八月二二日付けのギーゼからダンティスクス（ヘウムノ司教）あての手紙から、ポーランド王ジギスムント一世に提出予定の次期ワーミア司教の候補者四人の中にコペルニクスが入っていたことが分かる。三〇年ほど前に司教へ栄達する道を自ら閉ざしたコペルニクスが立候補するはずはないだろうから、同僚参事会員の推薦と支持が多かったからなのか、あるいは単なる当て馬だったのかどうかははっきりとしない。いずれにせよ後任は、栄達への野心に燃え、王の覚えのめでたいダンティスクスが参事会員全員の一致で選出された。またギーゼはその後釜としてヘウムノ司教として転出・栄転した。

一五三八年一二月二日から翌一五三九年の九月一三日までの断片的な歴史記録から判断すると、コペルニクスにとって不名誉で痛ましい事件があったことがわかる。家政婦のアンナ・シリングをめぐる問題だった。参事会員は炊事や掃除をしてもらう家政婦を雇っていた。どうやら事の発端は、参事会の綱紀粛正を意図した新任のダンティスクス司教にあったようだ。譴責《けんせき》処分を受けた三人の参事会員の一人にコペルニクスが入っていた。親友のギーゼからダンティスクス司教への釈明（一五三九年九月一二日）によれば「人目を忍ぶ関係をもったと中傷する人々によって告発された」とのことであるが、前年の一二月二日にはすでに司教から下された「慈父のような譴責を」彼は既に受け入れていた。同じ日にコペルニクスは司教に弁明し、「衷心より譴責を受け入れるが、経験を積んだ適切な家政婦をすぐには見つけられないので、クリスマスまで待って欲しい」旨の要望をしている。そして翌年の一月一一日に彼は家政婦を解雇し、参事会は彼女をフロンボルクから追放する処分を下した。中傷を信じる上司に逆らう道は残されていなかったのだろう。彼の人生でこれが唯一の(捏造《ねつぞう》された?)スキャンダルだった。

ローマ教皇も地動説を弾圧せず

この間、コペルニクスの天文学に関して注目すべき出来事があった。天文学者コペルニクスの名前と「地球が動き、太陽は静止している」との考えは徐々に広まっていき、一五三三年には、カトリックの総本山ローマにも達していた。教皇クレメンス七世(一四七八〜一五三四、在位一五二三〜三四)の秘書官ヨハン・アルブレヒト・ヴィドマンシュタット(一五〇六〜七七)の所蔵ギリシャ語写本への書き込みによると、「一五三三年ローマにて、教皇クレメンス七世がこの写本を私に下賜された。……(臨席した枢機卿《すうききょう》の名前を列挙した後)……ヴァチカン庭園にて、地球の運動に関するコペルニクスの見解を私が説明した時のことである」。戴いた貴重品にその由来を書き込んで大切にするというのはごく自然なことだから、この記録は信用できるだろう。

注目すべきは、この時点でローマ教皇庁側はまだコペルニクス説に対して、強硬な措置を取っていなかったことである。コペルニクスの地動説をローマ・カトリック教会が弾圧したのは事実だとしても、それは後年のことで、直ちに起こったことではなかった。それればかりではない。クレメンス七世の没後、一五三五年にカプアの枢機卿シェーンベルクの秘書官に転じたヴィドマンシュタットは、同枢機卿にコペルニクスの話をしていたらしい。一五三六年一一月一日付けで枢機卿はコペルニクスに好意的な書簡を寄せ、「宇宙の新理論」の著述と天文表とを送ってくれるようにと懇願してきた（この書簡は後に『天球回転論』に採録された）。しかも当時ローマ駐在のワーミア司教区の同僚参事会員テオドリクに、「書写の費用はすべて当方で負担するから」と申し出ていたのである。これはコペルニクスにとってチャンスだったのではないだろうか。しかし奇妙なことに、コペルニクスはローマ・カトリックの高位聖職者のこの求めに応じた様子がない。

まだ地動説が理論的に仕上がっていなかったから、と考えることはできない。というのも、著名な地図製作者ベルナール・ヴァポウスキはウィーン在住のジギスムント・フォン・ヘルバーシュタイン宛てに一五三五年一〇月一五日付けで書簡を書き、コペルニクスの作った天体暦を送っていたからである。それは通常の天体暦とは非常に異なり、新しい表から計算された最も信頼でき最も正確な惑星運動についてのもので、学のない人でも書き写せるからこれを世に広めてほしいこと、そして筆写する人が何箇所か間違ってしまったので、学のある人がその誤りを訂正したうえで、ウィーンで出版して欲しいと要望している。しかし残念なことに、ヴァポウスキは手紙を出してから約一ヶ月後の一一月二一日に亡くなってしまったので、コペルニクスの天体暦を出版する計画がその後どうなったのかは全く分からないまま、歴史の闇に消えてしまった。本当に残念！こうしてコペルニクスの天体暦そのものも散佚《さんいつ》してしまったが、天体暦を作成しえたということは重要なことをわれわれに告げている。この時点でコペルニクスの研究は大いに進展しており、惑星モデルの数値パラメータを導出しうるほどの完成度に達していたことを明らかに示しているからである。だからなおさらのこと、コペルニクスがシェーンベルク枢機卿に応答せず、その手紙を後生大事にしまい込んで、一五四三年の主著で初めて公表したことが不思議なのである。コペルニクスは何を心配していたのだろうか。

〈コラム〉コペルニクスにおける地動説の理論的展開

コペルニクスの忍耐強い成果を二つ見ておこう。一つは「コメンタリオルス」と『天球回転論』における惑星モデルに違いがあることである。図16は「コメンタリオルス」と『天球回転論』における惑星理論モデルをひとつにまとめ、両者の相違と関係が見て取れるようにしたものである。「コメンタリオルス」では、平均太陽S̄（地球Oの円軌道の中心でもある）を中心とする導円上に二つの周転円（中心はそれぞれC_1、C_2）を乗せ、第二周転円上に惑星Pが位置している（同心的導円・二周転円の体系、the concentrobiepicyclic system）。『天球回転論』では、第一周転円をやめて離心的導円（中心M）とし、その上に小周転円が一つ乗っている（離心的導円・一周転円の体系、the eccentroepicyclic system）。両者が幾何学的に等価であることは見て取れるかな？　点Eはプトレマイオスのエカント点にあたる。このようにしてコペルニクスがエカント点の機能を温存していることにも注意してほしい。コペルニクスがこのようにモデル変更をした理由は、おそらく「コメンタリオルス」執筆後に、長軸線（遠日点方向のS̄A）の移動

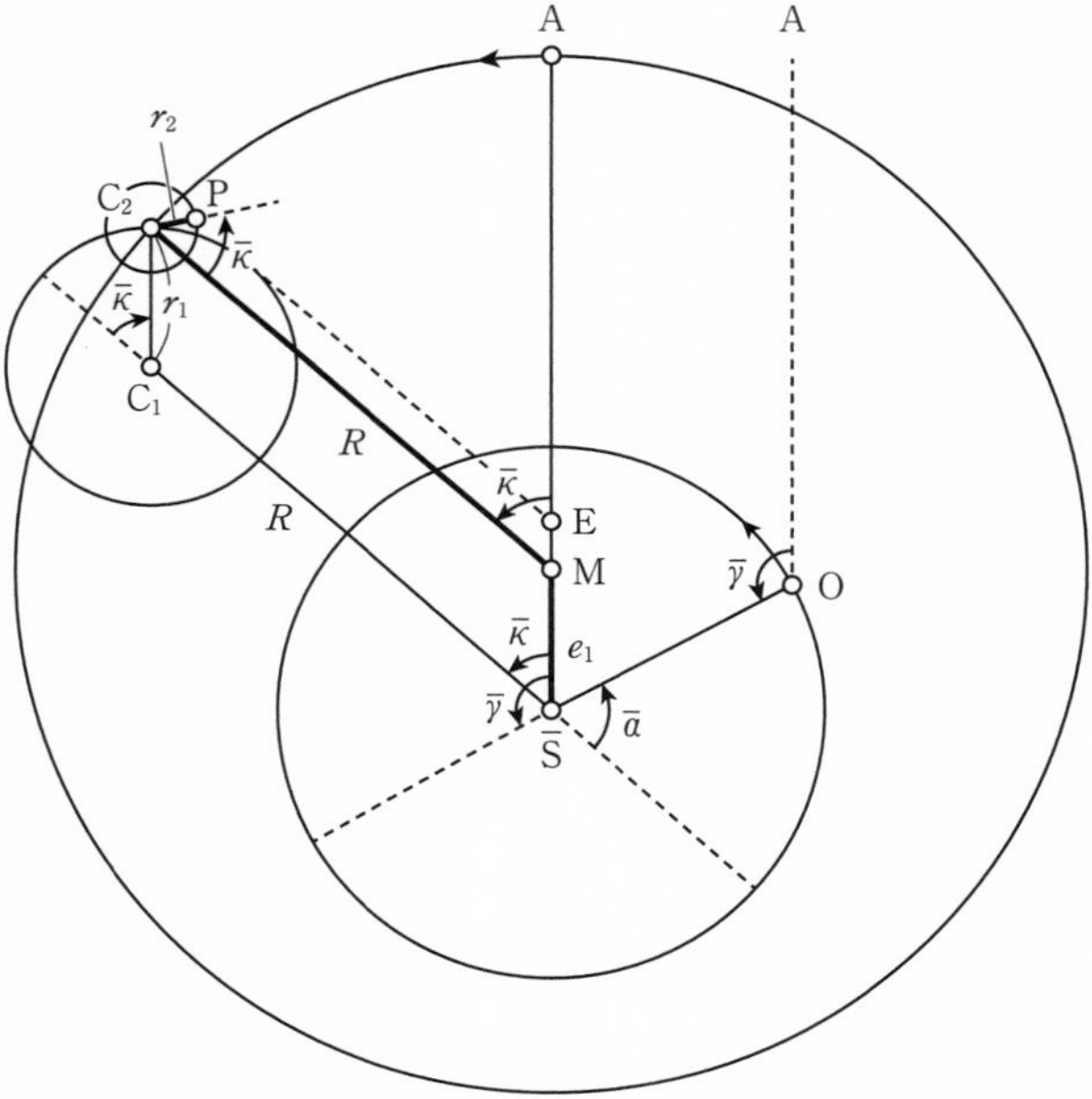

図16 『コメンタリオルス』から『天球回転論』（太実線）への惑星モデルの変化

に気づき（一五二三年頃?）、数学的に扱いやすい方法をとったからであろう。いずれにせよ、これによって使用する円の数を一つずつ減らしたわけだから、数値計算の手間を省くことができた。

もう一つは、地球の公転運動モデルが定量的レベルではどのように進化（あるいは複雑化）したかである。前に図15（117頁）で見たように、静止する太陽の周りを地球がひとつの円を描いて公転するというような単純なものではなくなった。これはまたコペルニクスの天文理論の別な側面にも光を投げかける。図17の太実線部分が示すように、地球Oの公転運動一つを表現するのに、三つの一様円運動を必要とするのである。これがコペルニクスの最終的モデルであり、『天球回転論』第I巻の宇宙体系図のように、地球は太陽を中心に回っているというだけの単純なものではない。

図15と図17を比較するとわかるように、コペルニクスの理論構成において重要な位置を占めているのは真太陽Sではなく、平均太陽S̄（地球軌道の中心）である。したがって厳密に言えば、コペルニクス説は「太陽中心説」（the heliocentric theory）ではなくなってしまい、「太陽静止説」（the heliostatic theory）になっている。コペルニクス説においては、太陽に劣らず地球（軌道の中心）もまた依然として重要な天体なのである。

また図17が示すように、地球の公転運動モデルとしてコペルニクスは太実線部分の二重

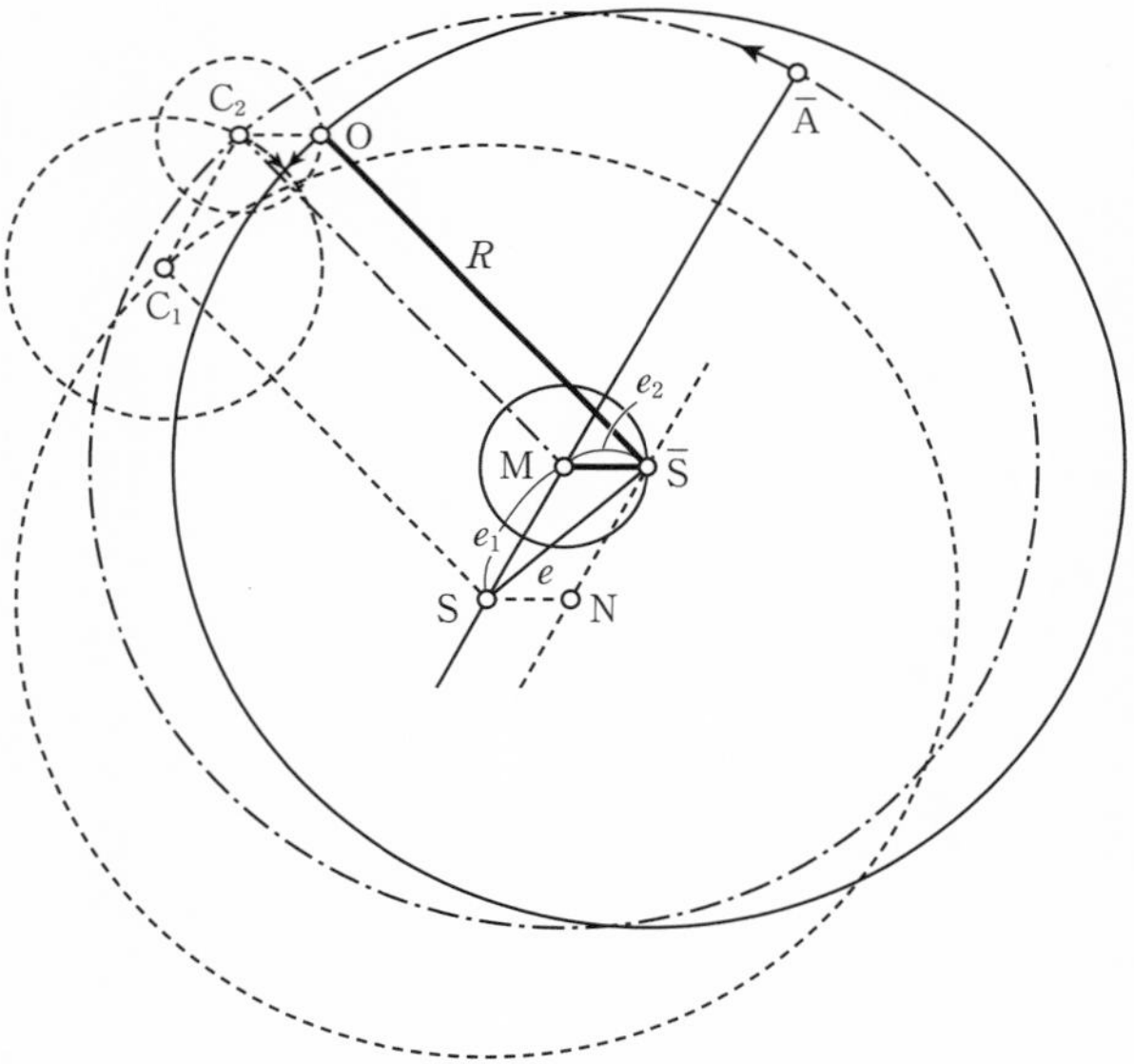

図17　地球Oの公転運動（R=10000, e_1=369, e_2=48)

離心率eの変化を説明するために、真太陽Sからe_1ずれた点Mを中心に地球軌道の中心$\bar{S}$（平均太陽）が半径e_2で回転している。さらに平均遠日点$\bar{A}$（したがってM）は、1年に0; 0, 24, 20, 14度(60進法表記で、$24/60^2+20/60^3+14/60^4$を表す。セミコロンは小数点。すごく小さな数値だね）回転し（1回転するのに約5万3250年、とてつもなく長い時間だね)、$\bar{S}$は1回転するのに3434年（これも長い時間だ）を要する。

	月	水星	金星	地球（太陽）	火星	木星	土星	恒星	総計
アルマゲスト	4＋1	7＋1	5＋1	3＋1	5＋1	5＋1	5＋1	1＋1	35＋8
コメンタリオルス	4	7	5	3	5	5	5	1	35
天球回転論	4	11	9	9	5	5	5	1	49

（注）＋1は日周回転用の円の数

離心円モデル（$SM+M\bar{S}+\bar{S}O$）だけを考えたのではない。二重周転円モデル（$SC_1+C_1C_2+C_2O$）や離心円・周転円モデル（$SM+MC_2+C_2O$）も考えたのである。そればかりではない。$\bar{S}$を「あたかも宇宙の中心であるかのごとくに」固定して、SをNの周りに回転させるモデルまでをも構想したのである（つまり、太陽は静止せず、運動するのだ）。この四つのモデルがすべて幾何学的には等価であることは容易にわかるだろう。結局、コペルニクスは二重離心円モデルを選択したのであるが、確たる選択理由があったわけではない。この四つのモデルのいずれが宇宙の実在構造を反映しているかについて、決着をつけることはできなかったし、できるはずもなかった。

このように見てくると、コペルニクスの数理天文学理論は、『天球回転論』第一巻で素人向けに語ったものと、だいぶ趣を異にしていることが分かる。エカントの機能は保存されているし、小周転円も残っている。太陽よりも地球軌道の中心に、より大きな理論的重みが置かれている。理論は単純化されなかったし、予測精度も飛躍的に向上したわけでもない。また惑星について、その経度と緯度の理論はプトレマイオスと同じように分離したままであり、決して統一されてはいない。コペルニクスの理論は、「地球が動く」という一点を除けば――これが決定的な一点であり、その帰結が重大であることは否定すべくもないが――、その理論構成法において、プトレマイオスからレギオモンタヌスに至るまでの伝統の頂点にある、と言っても決して過言ではない。

最後に、プトレマイオス(『アルマゲスト』)とコペルニクス(「コメンタリオルス」と『天球回転論』)が使用した円の数を表にまとめておこう。数値をいろいろ比較してみて、みんなはどんなことを考えるかな?(たとえば、古い理論では現象を説明するために屋上屋を架した結果複雑になり過ぎたので、コペルニクスはもっと単純な理論を提出したのだ、と言われることがあるけれど、本当かな?)

なお、本書では説明を省略した惑星運動もあるので(たとえば、緯度変化)、円の数が多すぎると思われる読者がいるかもしれない。関心のある人は自分で調べてみよう。

第四章　『天球回転論』の出版──地動説の公表

若き数学教授との出会いが運命を変えた

沈黙を守って、太陽中心説の詳細を公表しないコペルニクスに、転機が訪れた。一五三九年五月のことである。プロテスタントの牙城ヴィッテンベルクの若き数学教授ゲオルク・ヨアヒム・レティクス（一五一四〜七四）がコペルニクスに会うためにフロンボルクにやって来た。ヴィッテンベルクを出立《しゅったつ》して、有名な天文学者たち（インゴルシュタット在住のペトルス・アピアヌス、チュービンゲン在住のフィリップ・エムゼル、フェルトキルヒ在住のアキレス・ピルミン・ガッサー）を各地に訪問したのち、五月一四日にはポズナニを経由して、フロンボルクに到着した。いよいよ二五歳の若者は待ちに待った六六歳の老人と初めて対面するのである。宗教的に穏健路線をとるカトリックの老人は、ルター派の若者をあたたかく迎えた。親友のギーゼから見ても、宗派を異にする者との友好的出会いは歓迎すべきものであったろう。レティクスはその前年の八月には、ニュルンベルクの天文学者ヨハン・シェーナー（一四七七〜一五四七）を訪問し、また著名な印刷業者ヨハン・ペトレイウス（一四九七〜一五五〇）とも会っていた。噂《うわさ》に聞くコペルニクスの新理論の詳細を学び、かつまたそれを印刷して早く世に出すよう説得するつもりであった。レティクスは貴重な贈物を五つ用意していた。レギオモンタヌスの『三角法万般』（ニュルンベルク、一五三三年）、アピアヌスの『正弦あるいは第一可動者の道具』（ニュルンベルク、一五三四年、一分毎のサインの値を計算したもの）、ウィテロの『視学』（ニュルンベルク、一五三五年、タンシュテッターとアピアヌスの共編）、プトレマイオスの『アルマゲスト』（バーゼル、一五三八年。テオンの注釈付き、ギリシャ語原典の初版本）、ユークリッドの『原論』（バーゼル、一五三三年、プロクロスの注釈付き）。はじめの三冊はいずれもペトレイウス社刊行のものだから、印刷見本を提示する意図があったのかもしれない。

レティクスはもともとほんの二〜三週間滞在するつもりであった。しかしコペルニクスに主著の出版を説得するのに意外に手間取ってしまい、二年半も滞在することになってしまった。レティクスのみならず、コペルニクスの親友でヘウムノ（クルム）の司教ティーデマン・ギーゼの強い勧めにもかかわらず、コペルニクスはかたくなに首を縦に振らなかったらしい。三者会談の中で、コペルニクスが妥協案を出したこともある――自分の新しい計算法に基づいて天文表を作成するが、その理論的基礎・証明は付けない。その経緯をレティクスの『第一解説』はこう伝えている。「ヘウムノ司教ティーデマン・ギーゼ尊師が理解するところ……もしも教会祝祭日の正確なカレンダーと並んで[天体]運動の確かな理論と説明があったならば、キリストの栄光にとって少なからず重要性をもつでありましょう。尊師の指摘するに、もしわが師がその天文表の基を提示せず、表が依拠する根拠と証明及びプトレマイオスを模倣したプランあるいは方法をそこに含めないとするならば、そのような作品は世界に対し不完全な贈物にしかならないでしょう」。

コペルニクス自身も『天球回転論』の序文でギーゼについてこう記している。「私の大親友であるクルムの司教ティーデマン・ギーゼは神学のよき研究者ですが、またあらゆるよき学問のきわめて熱心な研究者でもあります。実に彼こそしばしば私を励まし、また時には非難を加えるほど強く迫って、「私が本書を出し与え、ついには出版するのに同意するように」と要望しました」。（コペルニクスが主著出版の最大の貢献者であるルター派のレティクスの名前を挙げなかったのは、ローマ教皇パウロ三世宛ての序文ではやむを得なかったのだろうか？）

結局、三者が合意に達した内容は、主著そのものは出版せず、レティクスがコペルニクスの原稿を読んで、その内容をまとめて一書として世に出すことであった。未《いま》だに怖れを払拭《ふっしょく》できず慎重に振る舞うコペルニクスは、レティクスという観測気球を打ち上げて、世間の反応を見る戦略をとったといえるだろう。

合意を得て早速レティクスはコペルニクスの原稿に取り組んだ。「一〇週間あまり」原稿に没頭したという。その後レティクスは軽い病気にかかり、ギーゼ司教の招きで、コペルニクスと共にリュバワ（レーバウ、ヘウムノ司教の居城）へ行き、研究を中断してそこで数週間休息したという（おそらくレティクスは知らなかったろうが、この時コペルニクスは家政婦問題を抱えており、親友ギーゼに事情説明と今後の対処法のアドバイスを求めたのではないだろうか）。

一五三九年九月二三日、レティクスはフロンボルクでその一書、『第一解説』を脱稿した。なるべく早く出版するために、印刷所のある近くの町グダニスク（ドイツ名はダンツィヒ）で、翌一五四〇年に印刷されて世に出た。この書は天文学者シェーナーに献げられ、本文の中でレティクスはコペルニクスの名を挙げず（扉頁《ページ》の中で、「きわめて学識ある人・最も卓越した数学者・ワルミア聖堂参事会員でトルン出身の尊敬すべきニコラウス・コペルニクス博士」と一度言及されたのみ）、常に「わが師」とだけ述べている。

コペルニクスのことをこう呼べるのは、後にも先にも、レティクスただ一人である。この若者はフロンボルク滞在中にコペルニクスの直弟子になったのである。序文の中でレティクスは、『天球回転論』全六巻のうち、最初の三巻をマスターし、第四巻の一般的な考え方を把握し、残りの諸仮説を吟味し始めたばかりである、と述べている。しかしその出来映えはすばらしく、数ヶ月でよくこれほどまで理解したと思えるほどである。

古代の諸仮説を捨てた理由

レティクスによると、「古代の天文学者たちの諸仮説を我々が捨てなければならない主な理由」は六つある。（一）歳差率の変化と黄道傾斜角の変化という現象が「わが師」を地球の運動という仮定へ導き、これによって多くの天文現象が適切に「救われる」こと、(二)太陽の離心値の減少が、他の諸惑星の離心値に反映していること、(三)諸惑星の導円中心が太陽にあると考えられること、(四)円運動の本質的性質が要求するように、師の説でなら、宇宙のあらゆる円はその固有の中心の周りを、「一様かつ規則的に」回転すること(本書では一様円運動の原理の遵守として述べたことです)、(五)ガレノスの格言「自然は何一つ無駄になすことなし」にある通り、地球のたった一つの運動でもって、ほとんど無数の現象が満たされてしまうこと、そして最後に「わが師」に特別に影響したものとして、(六)天文学におけるあらゆる不確実さの原因は、天球の順序と運動が完全な体系では一致していることにあまり注意を払わずにいた点に存したが、師の説では宇宙の体系性が提示されていること。以上の六点は、伝統的な天文理論に対するコペルニクス説の長所・優位性を述べているのであって、コペルニクスの理論的革新の動機を直接的に語っているのではないことに注意しておこう。

レティクスは師の説を要約したばかりではない。彼自身の特有な性向をも示している。たとえば、帝国の興亡を太陽の離心値変化と関連づける占星術への傾斜および数の神秘主義。しかし、コペルニクスの著述に占星術的傾向は見られず、当時の状況からすればコペルニクスの方こそ例外的であったことは留意されてよい。後者は六という数が最初の完全数（ある数の約数〔その数は除く〕の和がその数自身になること。この場合は、一＋二＋三＝六）であることとの関連で述べられている。古い説では「惑星」は七個だったが、師の説では、地球と太陽が入れ替わり、月が「衛星」となって惑星の一員から脱落した。こうして惑星は六個になったことが、宇宙を完全なものとして創造した神にふさわしいというのである。

レティクスの見るところ、コペルニクスはプトレマイオスの足跡を歩んでいるのであり、たとえ伝統から逸脱して、異なる弓に矢をつがえたとしても、プトレマイオスと同じ方法で同じ的を射ようとしているのである。『天球回転論』全巻を精読後、レティクスは『第二解説』を書く予定をしていたらしいが、それは沙汰止みになってしまった。レティクスの書物『第一解説』が好評を博したのだ。これが事実であることは、翌一五四一年にバーゼルで再版されていることからもうかがうことができる（さらに一五六六年には『天球回転論』のアムステルダム版と共に、一五九六年、一六二一年にはケプラーの

『宇宙誌の神秘』と共に出版されている)。

レティクスの観測気球は世間の好意的な反応を伝えたのである。「見解の新奇さと不条理さのゆえに軽蔑されるのを恐れて」(『天球回転論』序文)いたコペルニクスも気持を変え始めたであろうし、オジアンダーとの手紙のやりとりも拍車をかけたかもしれない。

フロンボルクにいるレティクスは、ニュルンベルク在住のルター派の戦闘的神学者アンドレアス・オジアンダー(一四九八〜一五五二)に手紙を書き、コペルニクスのことを知らせた(一五四〇年三月一三日付けのオジアンダーの返書内容による)。こうしてコペルニクスとオジアンダーは手紙のやりとりをするようになった。一五四〇年七月一日、コペルニクスはオジアンダーに手紙を書き、その中で、哲学者と神学者が反対するだろうという危惧を告げたらしい。その手紙は残存していないが、一五四一年四月二〇日に、オジアンダーがコペルニクスとレティクスに書いた返事の手紙からそのことが推測される。幸運なことに、ケプラーが『ウルススを駁《ばく》しティコを弁明する』(一六〇〇年頃執筆)の中で、その手紙の抜萃《ばっすい》を残している。以下それを翻訳し、コペルニクスの懸念の内容とそれに対するオジアンダーの見解を見ることにしよう。
まずはコペルニクス宛の手紙から。

諸仮説について、それらは信仰箇条ではなく、むしろ計算のための基礎であり、たとえそれらが誤りであるとしても、運動の現象を正確にもたらしてくれさえすれば、何も問題はないと私は常々考えておりました。というのも、もし我々がプトレマイオスの諸仮説に従うとして、太陽の不等運動が生ずるのは周転円の故なのか、それとも離心円の故なのか、を誰が我々に確信させてくれるのでしょうか。いずれの仕方においてもそれは可能なのですから（幾何学的に等価ということ）。ですから、このことについて序文の中であなたがいくらか触れておかれたほうがおそらく好ましいと思われます。なぜなら、こうすれば、反対するのではないかとあなたが危惧しておられたペリパトス派や神学者たちを宥《なだ》めることになるでしょうから。

次はレティクス宛の手紙。

もし〔一〕同一の見かけの運動にはさまざまな仮説が可能であること、〔二〕諸仮説が提示されるのは、それらが確かにそうなっているからではなく、見かけの複合運動の計算を最も都合よく司っているからであり、そして〔三〕人さまざまに仮説を考案し、同一の見かけの運動を引き起こすのに適切な想像をする人もあれば、もっと適切な想像をする人もいるということが可能であること。しかも〔四〕人は誰しも自由であって、もしもっと都合のよいものを考案すれば、むしろ感謝されるであろうことを、ペリパトス派と神学者たちが聞いたならば、彼らは容易に宥められるでしょう。こうして、処罰の苛酷さを離れ、探究の誘惑へと彼らは呼び出され、挑戦を受けて、まず彼らはもっと公正になり、それから、探究して無駄足を踏んだ者たちは著者〔＝コペルニクス〕の見解に至るでありましょう。

コペルニクスが危惧していたのは、アリストテレス派の哲学者と神学者たちの反応だったことが分かる。コペルニクスもレティクスも「太陽中心説が宇宙の実際の姿を示している」と信じていたから、そのような心配が出てくるのである。しかしオジアンダーはそのような心配は無用であると考えている。太陽中心説（地動説）であろうと地球中心説（天動説）であろうと、そもそも数学の一分野である天文学は実在世界に関わるのではなく、たとえ真でなくとも、ある観測データから次の観測データを予測することができさえすれば十分なのだ。もっと具体的には、正確な天体位置の予測を可能にしてくれて、暦の作成に寄与してくれさえすれば、天文学は学問としての働きを十分に果たしている！　これがオジアンダーの考えであり、それはまた学問としての天文学についての伝統的な了解だった。この伝統的な見解に本質的にコペルニクスが首肯しえない点があったからこそ、彼には心配が尽きなかったのであろう。しかしアリストテレス主義者と神学者を宥め賺《すか》すことは可能かもしれない、と考えさせることにはなったかもしれない。

『天球回転論』出版へ向けて動き出す

一五四一年六月二日には、コペルニクスが『天球回転論』原稿の改訂作業に着手していたことが知られている。遅くとも同年の一〇月までにはレティクスが冬学期の講義のためにヴィッテンベルクに帰還しているから（一〇月一八日には同大学の学芸学部長に選出された記録がある）、フロンボルク滞在期間中は原稿改訂のために二人の共同作業は続いていたと思われる。帰還に際し『天球回転論』の改訂テキストを持ち帰ったと推測される（だからコペルニクスの直筆原稿よりも改訂原稿に基づく一五四三年の初版本のほうが、コペルニクスの最終的な理論を伝えているのだ）。一五四二年の早い時期に『天球回転論』の三角形を扱った部分（I—13〜14）をやや詳しくし、独立した一書『三角形の辺と角について』として、ヴィッテンベルクで先に刊行されている。この純粋な数学書をヴィッテンベルクで刊行することに何の問題はなかったとしても、神学的に問題を引き起こしかねない『天球回転論』をルター派の牙城であるヴィッテンベルクで刊行するのは危険だったのかもしれない。

そこで一五四二年五月頃、冬学期が終わるとただちにレティクスは清書原稿を携えて、ニュルンベルクのペトレイウスのもとに赴いた。いよいよ印刷が開始され、校正作業などを含む一切の印刷監督にレティクスは従事した。この若者は何と献身的な弟子だったろうか。同年六月には、「地の最果て」ポーランドでコペルニクスがパウロ三世宛ての献辞を新たに執筆していた。しかしライプツィヒ大学への転職が決っていたレティクスは、一五四二年一〇月までにはかの地へ行かねばならず、印刷監督を共通の知人であるオジアンダーに託した。レティクスの献身はここまでが限界であったようだ。思いがけないことが「わが師」の出版物に生じようとは夢にも思わなかっただろう。

オジアンダーは委託された以上のことをしてしまったのである。前に引用した手紙と同趣旨のことを、読者宛ての無署名序文として、著書の冒頭に著者の了解なしで勝手に挿入してしまった。だから読者は、本書で展開される太陽中心説が宇宙の実際の姿を示すものではなく、星の位置を計算するための便利な数学的フィクションであると理解し、これがコペルニクスの見解だと見なすことになってしまった。オジアンダーが悪意をもって著者の意図を歪曲《わいきょく》したとはいえないだろう。前に引用した二通の手紙から推測すると、コペルニクスの著書を世間に受け入れやすいようにした（主観的な）善意の配慮だったのかもしれない（昔流行《はや》ったギャグで言うと「小さな親切、大きなお世話」）。しかしこの無署名序文は、良かれ悪しかれ、コペルニクスの主著の命運に微妙な影を投げかけることになった。

一五四三年、待望の主著はニュルンベルクのペトレイウス社から出版された。フッガー家のセバスティアン・クルツがニュルンベルクからシャルル五世へ献呈本を送付したのが、同年三月二一日であるから、出版はそれ以前である。アメリカの天文学史家ギンガリッチが現存する世界中の初版本（一五四三年、ニュルンベルク）と再刊本（一五六六年、バーゼル）を調べたが、その調査に基づく推定では初版本の発行部数は五〇〇～六〇〇部というところらしい。コペルニクスがその生涯をかけた著書がフロンボルクの彼の許《もと》へ届いたのは、同年五月二四日であった。

そして奇しくもこの日にコペルニクスは亡くなったのである。享年七〇歳。同僚参事会員のゲオルク・ドンナーは『天球回転論』の印刷本をプロシャ公アルブレヒトに送ったが、その礼状に対し返書をしたため（一五四三年八月三日付）、こう書いた。「ニコラスさんの本は、この上なく美しい歌声で生涯を終える「白鳥の歌」に喩《たと》えることができます」。

亡くなる当日に届いた主著をめぐって

コペルニクスがオジアンダーの無署名序文を見たかどうかについては、歴史家の意見が分かれている。ヨハン・プレトーリウスの一六〇九年の手紙による証言では、コペルニクスの所へその本の最初の数頁が送られてきて、その少し後に、著作全体を見ることができないまま死亡したという。またレティクスからの伝聞だとして、オジアンダーの序文は著者にとり不快の種だったとされる。しかし私としては、コペルニクスは無署名序文を見なかったという意見を採りたい。前年の一五四二年一二月八日に、親友ギーゼはゲオルク・ドンナーに手紙を送り、親友の一人として病床のコペルニクスを見舞って看護してほしいと依頼している。

コペルニクスは脳卒中をおこし、体の右半分に麻痺《まひ》症状も出ていたようである。一五四三年五月、ギーゼはポーランド国王の結婚式に出席するためクラクフに来ていて、フロンボルクにはいなかったが、ギーゼからレティクスに宛てた手紙（一五四三年七月二六日付）によると、コペルニクスが亡くなる当日、完成した主著が病床に届いた。しかしその何日も前から彼は記憶も意識も失った昏睡《こんすい》状態にあり、事態を理解できる状態ではなかったというのである。

同じ手紙の文面によると、ギーゼ自身は、コペルニクスの死後、同年の七月に初めて親友の印刷本を目にした。そして、オジアンダーの序文を見て、大いに怒った。その中でオジアンダーとペトレイウスを非難し、問題の序文を削除し、代りにレティクスの書いたコペルニクスの伝記（残念ながら散佚《さんいつ》）とコペルニクス体系の神学的弁明を追加し、巻頭部分を再印刷するよう提案している。後者の神学的弁明についてギーゼは、「聖書が一致していないことから、貴方が極めて適切に地球の運動を立証した」と特徴づけている（散佚したと思われていたが一九七三年頃に発見された。邦訳がある）。レティクスの反応もギーゼと同様であり、版元から送られた『天球回転論』の無署名序文を赤ペンないしクレヨンで削除したことが分かっている。

またギーゼはニュルンベルク市会の長老へ働きかけもしたが、彼の提案は功を奏さなかった。こうして、コペルニクスの没年に出版された『天球回転論』は、多くの人の手を経て著者の与《あずか》り知らない仕方で世に生まれ、著者とは独立した歩みを辿《たど》っていくことになるのである。

〈コラム〉実在主義的地動説の問題点とは？

コペルニクスが自らの天文理論を、オジアンダーのように道具主義的に理解するのではなく、実在主義的に理解していたことは、これまで本書でしばしば強調してきたところである。惑星運動の調和的秩序を明らかにしたコペルニクス説は、それ固有の問題性を抱えていた。その最大のものは、地球が動くという根本的主張を支持する証拠が全くなかったことである。

「地球が動く」と仮定すると、既存の理論においてバラバラに扱われていた諸現象が統一的に理解でき、既存の理論では全く不明だった事柄にも新しい光を投げかけることはできた。しかし、だからといって、そう仮定せねばならないことが正当化されたわけではない。「地球が動く」という観念は、日常的な常識的感覚に反していたばかりではない。地球の不動性を主張する伝統的議論とも対立していた。そしてその伝統的議論はアリストテレス主義的な自然学によって裏打ちされていたのである。コペルニクスがアリストテレス派の哲学者の反応を心配した理由はここにある。また、地球を中心とする階層的なアリストテレス的宇宙像は宗教的世界観とも密接に結びついていた。天空のかなたにある天国や地の底にある地獄といった観念は伝統的な宇宙像の枠組みの中にしっかりと位置づけられていたから、神学者の反応を恐れる理由も十分にあったのだ。

出版を長い間ためらった理由をもっと具体的に考えてみるために、地動説を実在主義的に理解した場合、当時の人々にとってコペルニクス説が抱える難点と見なされたものを三つの点――天文学的、宗教的、自然学的――から整理して眺めてみよう。

実際に太陽が宇宙の中心に静止し、地球が実際にその周りを自転しながら（月を引き連れて）公転しているとすると、天文学的にまず問題となるのは、恒星の年周視差が存在することになることである。そしてプトレマイオス以来の宇宙の大きさについての見積り（地球半径の約二万倍）からすると、その年周視差は三度強にも達し、十分すぎるほど観測可能である。しかしそれは観測されなかった。したがってコペルニクスは伝統的な宇宙の大きさに変更を加え巨大化した（コペルニクスは暗黙のうちにやり過ごしているが、肉眼観測の検出角度の限界を一分とすると、地球半径の約七八〇万倍まで一挙に拡大せざるをえなくなる）。

『天球回転論』第一巻第八章でコペルニクスは、宇宙が有限か無限かの決定を「自然学者たちの討論に任せておく」として態度を保留しているが、同書第一〇章の宇宙体系図（図15としてコペルニクスの直筆を採録した。117頁）に恒星天球を書いていることからも明らかなように、彼は有限宇宙像にとどまっていたと思われる。しかしその有限宇宙は伝統的な有限宇宙に比べて、途方もないほど大きくなったことによって、コペルニクスの宇宙は非常にバランスを欠いたものとなってしまった。

土星天球（地球半径の一万倍）と恒星天球は隣接できなくなり、両者の距離は膨大なものとなり、しかもそこには星一つ存在しないのである。コペルニクスの宇宙には無駄な（？）空間がありすぎる、と当時の人々には思われた。しかもそれだけではない。伝統的に恒星の視直径は、一等星から六等星まで順に、角度で二分（＝一二〇秒）、九〇秒、六五秒、四五秒、三〇秒、二〇秒と見積られていた。宇宙の巨大化に伴って、恒星自体の大きさも巨大化してしまい、それは理解可能な範囲をはるかに超えていたのである（たとえば一等星の直径は地球半径の約一八〇〇倍にもなり、太陽—火星間の距離〔同じく約一七〇〇倍〕よりも大きくなってしまう）。

つまり、地球の運動という仮説を事実として受け入れると、それに伴って、天文学の伝統的な了解事項を次々と修正せねばならなくなってくる。そうした代価を払ってまで、地球の運動を認めるべきか。それが当時の人々にとっては問題だった。

そしてオジアンダーが無署名序文で言及した分かりやすい例を挙げると、天動説であれ地動説であれ、理論的に「金星は一六倍も大きく見えるときがある」ことになるが、これは明らかにわれわれの感覚経験に矛盾する。彼の言葉では、「あらゆる時代の経験が抗言している」。こうした「誤った」理論的帰結をもつのだから、天文理論に「真か偽か」を問うのではなく、計算に「役立つか否か」を問うべきだということになる（この感覚経験が後に否定されることについては、後述するガリレオの望遠鏡観測の項を参照）。

キリスト教との関連では、太陽中心説（地動説）が聖書と整合的かどうかが問題となった。コペルニクスはパウロ三世宛ての序文の中で、聖書を楯《たて》にとって地動説を「非難し嘲弄する」人物がいたとしてもそれを無視する旨を宣言し、「数学は数学者のために書かれているのです」と言い放つが、すでに見たように、彼は神学者たちの反応を非常に心配していたのである。そしてそれは杞憂《きゆう》ではなかった。主著が出版される以前の一五三九年、地動説の噂を聞いたマルティン・ルターは、その卓上談話で次のように述べていたのである。「この馬鹿者（ドイツ語で der Narr と言った）は天文学全体をひっくり返そうとしている。しかし、聖書にあるごとく、ヨシュアが止まれと命じたのは、太陽に対してであって、地球に対してではない」（旧約聖書のヨシュア記一〇章一二節以下の奇跡記事。興味のある人は聖書を開いてください）。

数学的学問に理解のあるルターの盟友メランヒトンは、伝統的な天文学理解をとっていた。しかし、一般にカトリックよりも保守的プロテスタントのほうが厳しい態度をとったのは、プロテスタントが聖書のみを至上の権威としたからであろうか。こうして時代を経るとともに、地動説とは和解し難い聖句が次々と指摘されるようになる。たとえば、詩編一九：五〜六、九三：一、一〇四：五、伝道の書一：四〜五、ヨブ記二六：七、列王記下二〇：九〜一一、歴代誌上一六：三〇。これらの聖句は、文字通りに解して、地球の静止あるいは太陽の運動を示すと解釈されていた。

しかし、そもそも聖書との矛盾とは何であろうか、コペルニクスは自説と聖書の関係をどう考えていたのだろうか。資料が皆無なのでコペルニクス自身の見解は不明だが、彼の唯一の直弟子レティクスによる地動説の神学的弁明『聖書と地球の運動に関する論考』を見る限り、聖書解釈の問題と考えていた可能性はある。字義的解釈をとれば地動説と矛盾してしまう箇所も、比喩的ないし象徴的解釈をとれば、矛盾を回避することができる。逆に、地動説をとれば、字義通りに解釈できる聖句もある。また、聖書は倫理と救済に関しては全く真実に語っているが、自然界の出来事についてはそうではなく、当時の人々に判りやすくするために時にはあえて間違った語り口を用い、人々の理解力に「適応」(accommodation) させていると考える解釈法もある（適応主義的解釈）。この解釈のもとでは、自然現象の真偽の判定に聖句を使うことはできなくなる。

いずれにせよ、コペルニクス説と宗教の関係は、聖書をどのような解釈法のもとで理解するか、その解釈権は誰にあるか、という問題を提起することになる。また科学理論に対しても、実在主義的に理解するか、それとも道具主義的に理解するかの二つの立場がある。聖書の解釈権は神学者の独占物で良いのかどうかとか、また、聖書の解釈法のどれを採り、科学のどの理解方法をとるかによって、科学と宗教はさまざまな関係に立ちうるのである。『天球回転論』出版後の約一〇〇年の動向は次章で具体的に見ることにしよう。

最後に、実在主義的コペルニクス説は自然学的諸問題を回避することはできないことについて。それこそ問題は山とある。そもそも重い地球が動くことは可能なのか。単純物体には一つの自然運動しか帰しえないのに、地球（四元素の「土」からできた物体）が一度に三つの運動をしているのは不可能ではないのか。動く地球に遅れずに月がその周りを回転することはできるだろうか。地球を惑星と見なして、天上界と地上界の区別を撤廃してよいのだろうか。そして地球の不動性についての伝統的議論が累々たる問題の山をコペルニクスに突きつけてくる。

コペルニクスがこうした問いに答えようと試みた箇所は、『天球回転論』第一巻第八章と第九章のみである。その解答は十分なものとは到底いえない代物だった。

コペルニクスによると、地球の回転運動は強制的運動ではなく、自然本性的運動である。回転運動は球という数学的立体の特性と認定されてしまうのである。地球が惑星の一員になったのだから、エーテルから成る惑星天球に認められていた性質を譲り受けたともいえる。あるいは回転運動の自然性を球の数学的性質に求めたのは、エーテルならぬ四元素から成る地球に回転を認めるための苦肉の策だったと言えるかもしれない。そして自然本性的場所における単純物体の自然運動は円運動であると一方的に宣言され（アリストテレス自然学によると、その場所で単純物体は静止する）、アリストテレスのいう自然的直線運動は自然本性的な固有の場所から逸脱した物体がそこへ還帰してくるときに付加される運動と見なされることになる。それに伴って、複数の運動が「共存」することも可能であると説明される。

地球の回転運動が自然なものであれば、地球が（遠心力で、とはまだ考えてはいなかったにしても）散り散りになるとか、地上の物体が振り飛ばされてしまうのではないかと「プトレマイオスが心配するのは無用」であることになる。自然なものは、そうした反自然的な結果を引き起こすはずがないというのである（何という強引なロジックであろうか）。また雲や空中に浮ぶものや落下体も「大地と類縁関係をもつ」と考えればよい。それによって地球の運動に無事つき従って行けるのである、とされる（簡単に言うと「類は友を呼ぶ」ということだ）。宇宙の中心から地球を追い出したコペルニクスは、重さ（重力）についても新解釈を提示する。「重さとは、万物の製作者の神的な摂理によって諸部分に与えられた自然的欲求に他なら」ない。これによって、新たに宇宙の中心に置かれた太陽の方へ重い物体が「落ちていく（アリストテレス自然学では、重い物体は宇宙の中心へ自然本性的に落ちていく、とされていた）」（？）ことはなく、地上の物体は相変らず地球の中心へと落ちていけるのである。そしてその「欲求」をコペルニクスは、太陽にも月にも惑星にも認めてしまうのである。地球に認めた（または、認めざるをえない）性質を、他の天体に拒む理由はないからである。

太陽中心説が革命的な理由

重要なことなので重複をいとわず確認しておきたいことがある。アリストテレス以来の学問区分論において、理論学は形而上学《けいじじょう》（神学）・数学・自然学に三大区分されるのが通例であった。数学と自然学の間に引かれた伝統的な境界線を守って、数学の一分野たる天文学は自然の実在構造に関与する権利を主張せず、ただ天体の位置を予測するための便利な専門的数学道具と見なしておけば問題は一切生じなかった。

プトレマイオスの『アルマゲスト』の原題は『数学的総合』であったことをここで想

い起こすとよいかもしれない。しかし前に繰り返し述べたように、コペルニクスはこうした道具主義的見解をとっていなかった。数理天文学者コペルニクスにとってなら、前に述べたような自然学的議論は、無しで済まそうと思えばできたのだ。しかし実在論者コペルニクスがそれを要求しているのである（それに加えて、プトレマイオスの『アルマゲスト』を模倣して著述しているコペルニクスとしても自然学的議論を避けては通れなかった、という事情もあっただろう）。彼の立論は、基本的にアリストテレス自然学の思考枠組の中にありながらも、思いがけずに想到してしまった地球の運動の観念に整合するように伝統的な自然学を改作する意図に貫かれている。暗中模索の産物であるだけに、立論の説得力ははなはだ乏しかった。コペルニクスは「その場しのぎ（ad hoc）」の議論を展開していると思われても仕方ないものであった。しかしどれほど貧弱なものであろうと、それは、アリストテレス主義で固められた学問体系の堡塁《ほうるい》にあけられた「蟻《あり》の一穴」であった。こうして、天上世界の現象に調和をもたらした理論は、地上世界の現象に大きな不調和をもたらすのである。諺《ことわざ》にも「蟻の穴から堤も崩れる」とあるように、コペルニクスの太陽中心説が革命的な性格を帯びる理由はここにあったのである。

第五章　静かな革命――天球回転論が起こす波紋

地動説が世界観を変えてゆく

地動説をめぐっては、ガリレオの宗教裁判（一六三三年）が有名になり過ぎ、科学と宗教の反目・対立・相克・弾圧といった側面ばかりが注目され、歴史的な実情が覆い隠されてしまったように思われる。『天球回転論』が出版されたのは一五四三年であるから、この宗教裁判は九〇年後のことである。カトリック教会は出版と同時にコペルニクス説を異端視したり弾圧したわけではない。九〇年の間に、両者の関係は変化していった。それはコペルニクスの太陽中心説が学問の位階構造（あるいは即自的には、天文学の学問的身分）および世界観そのものを変更するような起爆力を秘めていたことにだんだんと人々が気づき始める過程であった。言葉を換えれば、古代・中世以来の学問観・世界観にコペルニクスが開けた小さな穴が大きな亀裂を生み出し、それが結局はその崩壊を引き起こす出来事になっていく過程として見ることができる。そのあたりの事情を三つの段階に分けて見ておくことにしよう。

まずは第一段階。『天球回転論』出版後約六〇年間の一般的傾向に目を向ける。この傾向を「オジアンダー路線」と呼んでおこう。前に述べたように、オジアンダーは天文学の仮説にどんな実在性も与えず、単なる数学的虚構であると考え、正しい天文表の計算と作成に寄与することだけを要請した。こうした天文学の位置づけは決してオジアンダーの独創ではなく、伝統的な学問論的態度の反復にすぎないことも既に見たとおりである。

この路線を代表する人物として、レティクスの同僚であったエラスムス・ラインホルト（一五一一―五三）を挙げることができる。『第一解説』を恵贈され、コペルニクスの主著が出版される以前に、彼はポイアーバッハの『惑星の新理論』への注釈を書いた（一五四二年）。その序文でコペルニクスを高く評価し、「新しきプトレマイオスによって再興される天文学」への期待を述べた。しかしそれは、天文表作成のための新しい幾何学的仕組としてのコペルニクス説、およびそこに組み込まれた数値パラメータの評価であった。エディンバラ王立天文台所蔵の彼の手沢本『天球回転論』への書き込みによると、プトレマイオスのエカントを使わないコペルニクスのメカニズムに特別に魅了されたようである。彼は「天文学の公理」として、「天界運動は一様で円的である、ないし一様円運動から合成される」とわざわざ欄外に特記しているのである。しかし、静止する太陽をめぐって運動する地球については特に言及せず、宇宙体系図のある同書第Ⅰ巻第一〇章には実質的注釈はなく、わずかに金星と水星の周期を訂正したにとどまる。つまりコペルニクスの新宇宙体系にはこれといった肩入れをしていなかった。一五五一年に出た彼の『プロシャ表』は、コペルニクスの数値パラメータに立脚して作表され、数学的な使用価値のみが認められている。そして伝統的な専門的天文学者としては、それで十分だったのである。

数理天文学者コペルニクスのテクニックを称えたのはラインホルトだけではない。一五七四年ティコ・ブラーエはコペンハーゲン大学の講義において、コペルニクスを「天文学を再興した第二のプトレマイオス」と称えたし、イエズス会の碩学《せきがく》クラウィウスも『サクロボスコ天球論注釈』の中で、「プロシャ人ニコラウス・コペルニクス、この我らが世紀における卓越した天文学の再興者」と形容したのである。オジアンダー路線に従うとは、自然学と数学との学問的境界を堅持することである。クラウィウスによると、天文学の仮説は、できる限り精確かつ簡潔に「現象を救う」（英語では、to save the appearances）ことにあるが、それは仮説そのものを受容するための十分条件とはならない。少なくともそれが蓋然的（probable）なものでなければならず、そのためには二つの条件を満たさねばならない。

（一）自然学の原理と両立可能であること。

（二）教会または聖書の教えと矛盾しないこと。

この二条件は後にガリレオ裁判でも登場するのであるが、伝統的なアリストテレス自然学と聖書の伝統的解釈を保持することをオジアンダー路線は求めているのである。議論は天文学という一分野を超えた広がりを潜在的にもっていたにもかかわらず、伝統にのっとってそれをあえて天文学のみに押し込めようとするときに出てくるのがオジアンダー路線なのだ。

しかし、『天球回転論』が出版された直後にローマ教皇庁内部に不穏な動きがあったことが知られている。パウロ三世宛てに送られてきた『天球回転論』を教皇は、教皇付き教授バルトロメオ・スピナに内容を検討させた。スピナは反論するつもりであったが、その前に死去してしまい、友人のドミニコ会士ジョヴァンニ・マリア・トロサーニ（一四七〇／七一～一五四九）にその仕事は託された。『聖書の真理について』（一五四四年刊）に後に付された小論『不動の至高天と最下で静止する地球およびその中間にあって動く天界と元素界』（一五四六～四七年に執筆）においてトロサーニは、地球の運動について、コペルニクスが不敬なピュタゴラス派の教説を復活させたことに反論を加えた。無署名序文の作者が著者とは別人であることを鋭く見抜いているが、彼によると、コペルニクスは「数学と天文学とにはよく通じているが、自然学と弁証術には全く欠けており、聖書にも通じていないらしい」人物ということになる。『天球回転論』第I巻におけるコペルニクスの自然学的議論がトロサーニには全く説得力をもたず、むしろ著者の無知を示すものとしか映らなかったことは明らかである。

しかし『天球回転論』を異端とする計画が水面下で進行していたとしても、それが実現しなかったことも事実である。オジアンダーの無署名序文は、著者自身が込めた起爆力をそぐことに成功した。コペルニクスの数値パラメータを使った天体暦が続々と作成されるとともに、太陽中心説の技術的な天文計算法が人々の間にまず浸透していった。しかし出来上がった天体暦の精度の点では、伝統的な地球中心説に基づくものと比べると、誤差の出現パターンに違いはあるものの、格段に良くなったわけではない。だが、利用価値がある限りにおいて、カトリックの宗教権力はコペルニクス説に行使されなかったし、またその必要もなかったのである。

コペルニクスのパラメータを活用したグレゴリオ暦の出現

その好例は、現在も使われているグレゴリオ暦の出現である。長年にわたる教会暦改革の論議をうけて、一五八二年、グレゴリオ一三世はユリウス暦の改革を断行した。カトリック教会にとって暦はとても大切な問題だった。教会の祝祭日は、基本的に復活祭(イースター)を起点として決定される。たとえば、主の昇天はその四〇日後、聖霊降臨は五〇日後というように。そして復活祭の主日そのものは、はるか昔のニカイアの宗教会議(三二五年)で、「春分後の最初の満月の後の最初の日曜日」と定義されていた。この定義には、太陽と月の運動が出てくるが、この二つを正確に予測するのは難しいことだった。実際の季節の移り変わりと暦日がだんだんずれてしまい、当時で一〇日ほどずれていた。これは何とかしないと、夏に復活祭を祝うということになりかねないので、教会が改暦に重大な関心を寄せていたわけだ。

コペルニクスがパウロ三世宛て序文で「ラテラノ公会議で教会暦改革の問題が扱われたとき……当時未解決に留《とど》まった……。そのことにおいて私が何を成し遂げたかは、とりわけ聖下ならびにあらゆる他の学識ある数学者たちの判断に私は委ねます」と自負しているが、彼の説が新暦の制定に決定的に寄与したかどうかは明らかでない。

一五七六年に改暦案を起草したリリウスが入手しえた一回帰年の長さは、『アルフォンソ表』(365; 14, 33, 10日) でも『天球回転論』(365; 14, 33, 13日) でも、六〇進法の小数第二位までは同じだからである。いずれにせよ、365; 14, 33日 = 365+14/60+33/60^2日 = 365+97/400日 = 365.2425日となり、四〇〇年間に九七回の閏日《うるうび》を入れる方法がグレゴリオ暦では採用された。皆さんご存知のように、ユリウス暦では四年に一回(一回帰年は365.25日になる)、つまり四〇〇年に一〇〇回閏年になっていた。これを三回減らすという単純な計算法であるにもかかわらず、一回帰年の現代値は365.2422……日であるから、グレゴリオ暦では一万年に三日ずれるだけである（余計なことだけど、一万年後にこのズレを心配する人類はいるのかな?）。

だから、ユリウス暦の一五八二年一〇月四日（木）の次の日をグレゴリオ暦では一〇月一五日（金）にして、一〇日分を削ったのだ。ただし、曜日は連続させた。新暦の導入は、対抗宗教改革（counter-Reformation）のただ中にあって、政治的な意味を多分にもった改革であった。カトリックが主導したこのグレゴリオ暦をヨーロッパの各国がいつ採用したかを調べてみると面白いだろう。

太陽中心説を改作した宇宙体系の模索

オジアンダー路線の次にくる第二段階は、新しいタイプの地球中心説の出現である。第一段階の太陽中心説の道具主義的理解は、実在主義的に理解した場合に生ずると予想された諸困難を事前に回避するためのものであったともいえる。しかしもっと積極的に対処していく方策も出てきた。太陽中心説の天文学上の利点を温存し、しかも自然学的かつ聖書的な難点を含まないように太陽中心説を改作する道である。それは太陽中心体系を地球中心体系へと変換することに他ならない。デンマークの天文学者ティコ・ブラーエがその代表者であるが、パウル・ヴィッティッヒ（一五四六頃〜八六）やプラハ宮廷の皇帝付き数学者ウルスス（一五五一〜一六〇〇）、一五八七年六月にティコをヴェン島に訪れたスコットランドの医師ダンカン・リデル（一五六一〜一六一三）、シュトラスブルクの医者で天文学者のヘリサエウス・レスリン（一五四八〜一六一六）などがそうした考えを表明している。各人で細部に小さな違いはあるものの、新しいタイプの地球中心説の提唱は一六世紀後半の学者の間に見られた一般的傾向であった。

ティコの天文学研究は、観測天文学と理論天文学の二つに分けられる。ティコ自身は、前者はあくまでも後者のためであると考えたが、皮肉なことに、天文学の歴史に重要な影響を及ぼしたのは前者の方であった。

デンマークの貴族であったティコは、国王よりコペンハーゲンの沖合い約一〇マイルにある小島・ヴェン島を与えられ、そこに観測所を設けた。「ウラニボルク（天の城）」、「ステルネボルク（星の城）」と称される二つの観測所があり、多数の助手と観測器械を有し、また天体暦を発行するための印刷所、職人工房も備えていた。また、錬金術（今日で言えば、化学）の実験室も備えていた。まさに一大学術研究所というべきものである。

ティコが成し遂げた業績の一つは、天文観測の概念を変えたことである。コペルニクスまでの天文観測は、理論的に見て意義のある天文現象を時折り観測するだけだったのに対し、ティコは二十数年の長期にわたり継続的に観測を続けたのである。集積された厖大《ぼうだい》な観測データは、後にケプラーにとって無上の贈物となった。さらに重要なことは観測の質に係わる。二メートルを越えるティコの有名な壁四分儀に見られるように、彼の器械には大型のものがあり、観測精度を向上させたことである。自重による各器械特有の歪《ひず》みを補正したり、大気差の影響を見積ったりして、彼の観測データは肉眼観測の限界にまで達したと評価されている。その精度は角度の四分といわれ、特に入念に観測したものは一分の精度といわれている。コペルニクス以前の観測精度は約一〇分であるから、二倍以上の精度を獲得したことになる。この理論的意義は大きい。ティコ以前と以後とでは、後にケプラーで見るように、理論評価の規準が格段に厳しくなった。

一五七二年、カシオペア座に異変が観測された。日周視差の観測から、それが月より上の天上界の現象――「新星」（ティコの星、超新星SN 1572）――であることが分かった。

天と地の伝統的区別に拘泥して月下界の現象と見なす学者もいたが、ティコの正確な観測はそれを否定していた。新星の出現は、不生不滅の天上界という伝統的観念を揺り動かした。それは、コペルニクスによってアリストテレス主義的宇宙の堡塁《ほうるい》にあけられた穴をさらに大きくする事件であった。

同種の事件がティコによって引き続き確認されるが、今度の主役は彗星であった。一五七七年、一五八〇年、一五八五年、一五九〇年、一五九三年に出現した彗星の視差を観測し、ティコは彗星が天上界の現象であるのみならず、天球を自由に貫通して動いていることを明らかにしたのである。メストリンによる一五七七年の彗星研究でも、彗星への距離は地球半径の一五五倍から一四九五倍までも変化しているとされた。一五七八年、ティコは『彗星の起源について』を書き、アリストテレスの見解は全く誤りであり、天界は第四元素の火からなり、生成消滅可能であると主張した。そして、天球が存在するとも、天界物体が堅くて透過できないとも考えていないと表明した。

天球は存在しない。これは重大な結論である。コペルニクスを地動説へと導いたあの天球の概念が廃棄されてしまったのである。天球の消失に伴い、惑星の回転機構についても新たに考え直す必要が生じた。天界の何らかの媒質中を、惑星は浮遊していると考えられるようになった。

天球の消失は、新しい宇宙体系の構想へとティコを駆りたてる動きを加速した。太陽中心体系を地球中心体系へと変換するとき、以前のように天球概念を保持していれば、どうしても太陽天球と火星天球の交差の問題は避けられない。これとの関連で、火星の視差の問題は、ティコにとって重大な理論的意義をもっていた。それは競合状態にある二つの天文理論のいずれが正しいかを決定する手がかりとなるからである。プトレマイオス説では火星は常に太陽より遠くにあり、他方コペルニクス説では、火星は衝の位置にあるとき、太陽よりも近くに存在する。したがって、衝のときの火星の視差が太陽の視差よりも大きいかどうかを観測すればよい。ティコは太陽の視差として伝統的な値の三分を仮定し、「火星の視差がそれよりも大きいことを一五八三年の観測より発見した」と主張した。この主張には疑義が出されているものの、ティコは「火星は太陽より近くにあった」と幾度か述べており、彼にとってはプトレマイオス説を捨ててコペルニクス説をとる契機になったと思われる。そしてここに天球概念の消失がきいてくる。コペルニクスのように天球の交差を恐れて地球を公転させる必要は、ティコにはもはや全くなかったからである。その結果――ティコは知らなかったであろうが――、コペルニクスのウプサラ・ノートの段階での宇宙体系に戻ってしまったのである。何という歴史の皮肉であろうか。

一五八八年に出版された『エーテル界の最新の現象〔一五七七年の彗星〕について』において、ティコは地球中心の新宇宙体系を公表した（図18）。その宇宙体系図の上部にティコは次のような説明を書いている。「著者により新たに考案された宇宙体系の新仮説――これにより、一方ではあの古きプトレマイオスの冗長さと不調和とが排され、他方では地球の運動における近年のコペルニクスの自然学的不調和が排され、しかもすべてが天界現象に最もふさわしく合致している」。この地球・太陽二中心体系（the geoheliocentric system）は、惑星運動に関してはコペルニクス説と幾何学的に等価であるばかりでなく、コペルニクス説の諸困難をも巧みに回避している。宇宙の中心に静止する地球という伝統的観念が温存されたため、コペルニクスのように恒星天球を巨大化する必要がなくなり（年周視差は理論的に存在しない）、また地球の運動にまつわる自然学的・聖書的な難点も生じないからである。

ブルーノ、ケプラー、ガリレオの登場

しかし、コペルニクスと同じように、太陽中心説を宇宙の実在的描像と見なし、さらにそれを敷衍《ふえん》し、理論を整備・拡張した人たちも少数ながらいた。これらの人々が第三段階の登場人物ということになる。ブルーノ、ケプラー、ガリレオの三人を特に取り上げ、コペルニクスが既存の学問体系にあけた「蟻《あり》の一穴」が亀裂を更に生み出し、逆にコペルニクス自身の理論をも変容させてくる。そのプロセスを追ってみよう。

まずジョルダーノ・ブルーノ（一五四八〜一六〇〇）から。彼ほど奇妙なコペルニクス主義者はいない。というよりも、カトリックとプロテスタントの宗教的和解を、ひいては人間と神の和解をヘルメス的新プラトン主義に求めたブルーノは、自己の目的に合う限りにおいて、コペルニクス説を比喩的に援用した。コペルニクスが宇宙は有限か無限かについて煮えきらない態度であったのに対し、ブルーノは断固として無限宇宙説を唱えた。

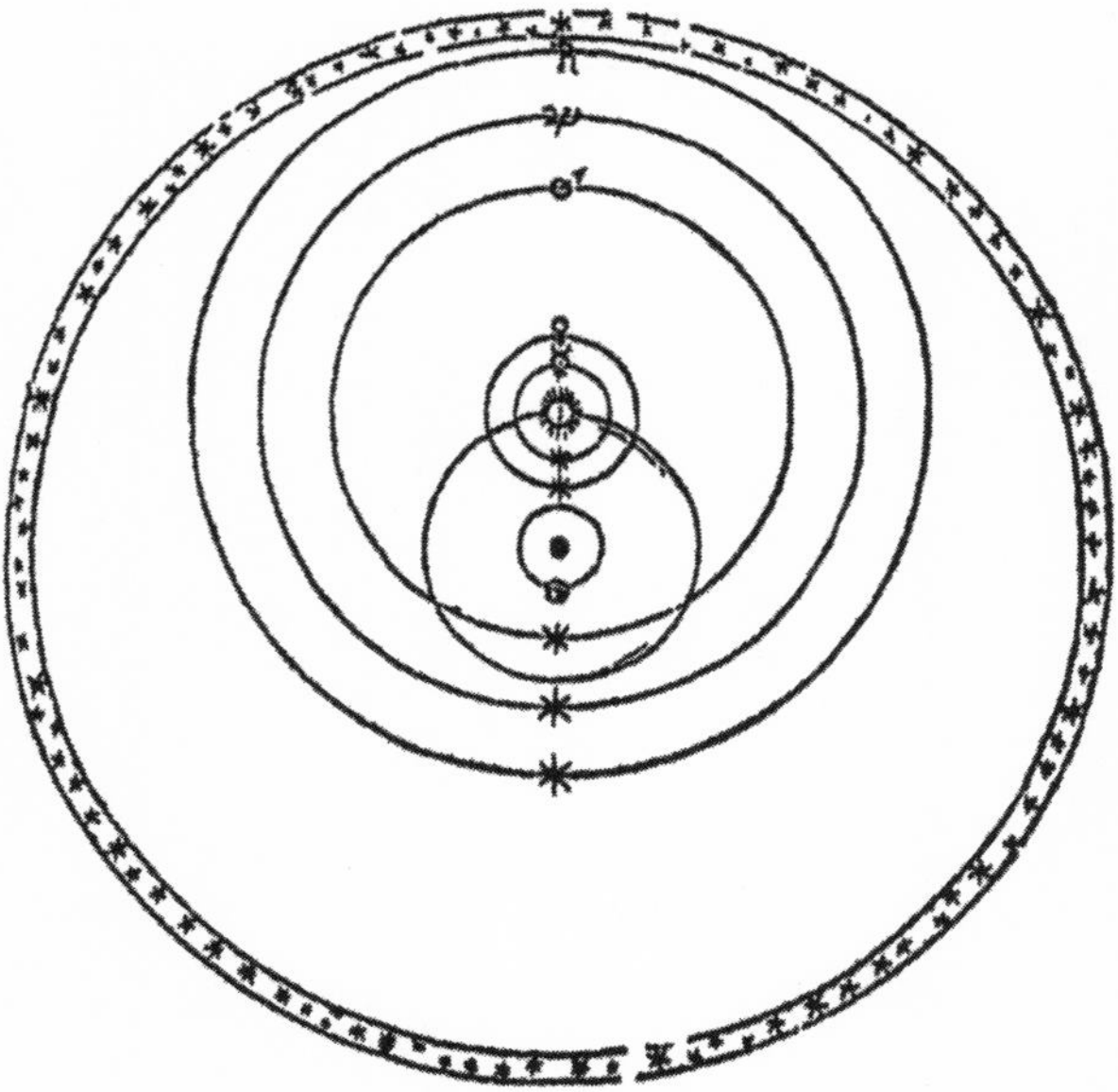

図18　ティコ・ブラーエの体系（真ん中の•が地球）
宇宙の中心に静止する地球のまわりを月と太陽と恒星がまわる。そして太陽を中心として水星（☿）、金星（♀）、火星（♂）、木星（♃）、土星（♄）がまわっている。

一五七六年、異端の嫌疑を受け、ナポリを脱出して、イタリア北部、スイス、フランスを彷徨《ほうこう》したブルーノは、一五八三年から一五八五年までイギリスに滞在した。ブルーノがコペルニクス説に触れて無限宇宙説へ飛躍する上で、トマス・ディグズ（一五四六〜九五）の『諸天球の完全な記述』が影響したと考えられる。この書物はコペルニクスの『天球回転論』第Ⅰ巻の部分訳を提供し、コペルニクス説をイギリスへ紹介したのみならず、彼自身の宇宙体系を付け加えてもいる（図19）。太陽を中心とする惑星天球図はコペルニクスと同一であるが、注目されるのは恒星天球がなくなり、恒星が無限の空間にばらまかれていることである。こうした展開方向は、理論的には予想されることであった。というのも、プトレマイオスやアリストテレスにおいて、宇宙の最外部にある恒星天球はその日周回転によって、その内部にある惑星天球に回転運動を与えるために必須の存在であったのに対し、コペルニクスにおいては年周視差を生じさせないほど遠方にあって静止しているにすぎなかったからである。恒星は天界運動に全く関与せず、単一の天球上に存在していないとしても何ら不都合は生じないのである。

有限宇宙から無限宇宙へ。この移行がもつ含意を徹底して唱いたのがブルーノであっ

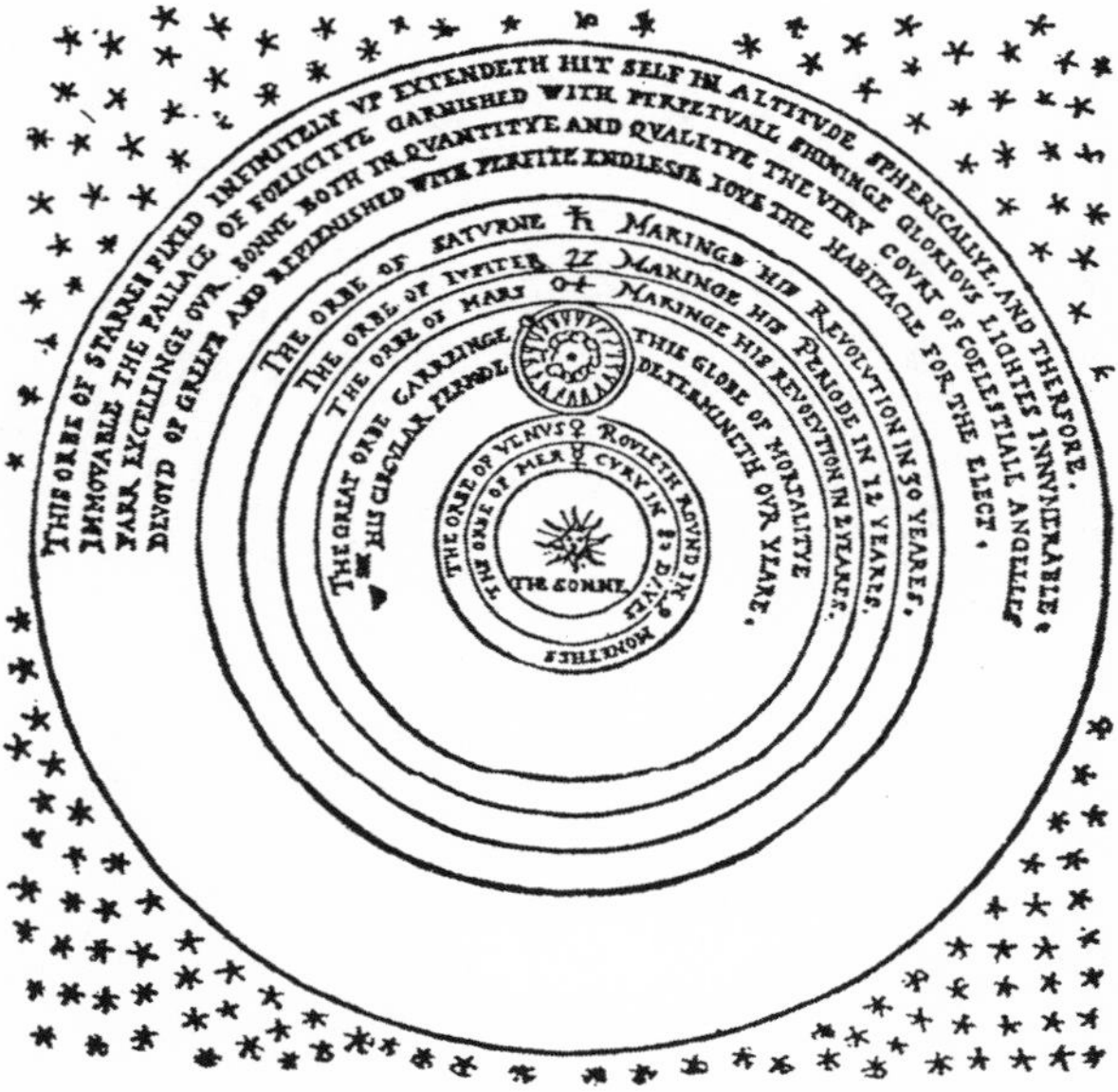

図19　トマス・ディグズの宇宙体系図
いちばん外側の英文は「無限に高く固定されたこの恒星天球は、高さにおいて自らを球状に延長している。それゆえ不動である。永遠に輝く無数の栄光の光で飾られた至福の宮殿は、質・量ともにわれらの太陽をはるかに凌《しの》ぐ。天の御使いたちの宮殿で、悲しみのない永遠の全き愛に満ちた選ばれし者の住居」

た。彼の『無限、宇宙および諸世界について』(一五八四)に見られるように、それはアリストテレス主義的な伝統的宇宙像と自然学とに決定的打撃を与える。「アルキメデスの支点」の故事(テコの原理についての名言「我に支点を与えよ。さらば地球をも動かさん」)になぞらえれば、無限宇宙の視点は「ブルーノの支点」と言うことができる。前者が世界を動かす支点であるのに対し、後者は世界を消滅させる支点である。宇宙が無限であれば、宇宙の中心はどこにも存在しないし、また至る所が宇宙の中心であるともいえる。宇宙の唯一の中心という概念によって構成されたアリストテレスの体系は、その急所に楔《くさび》を打ち込まれ、瓦解し消滅していかざるをえないのである。そして一七世紀に入り、ガッサンディによってギリシャ原子論が復活されるとともに、無限宇宙と原子論の結合による自然理解の基本的枠組の創出という新たな大きなうねりを呼び起こすのである。コペルニクスの生み出した亀裂は思いがけない方向へ走り出していくのだ。

第二の登場人物は、天文学の技術的詳細に通じた熱烈なコペルニクス主義者ヨハネス・ケプラー(一五七一~一六三〇)である。彼の仕事の全貌はとても本書では尽くしえないほど豊かであり、われわれとしてはコペルニクスとの関係で特に注目すべき点のみに限定せざるを得ない。あらかじめ約言しておけば、ケプラーはコペルニクスの天文学を完成させるとともに、それを破壊したのである。

プロテスタントの牧師になるべくチュービンゲン大学に入学したケプラーは、メストリンよりコペルニクスの天文学を教えられ、熱狂的なコペルニクス主義者となった。その確信の根拠は、われわれがすでに地動説の定性的特徴として述べた内容、つまり理論と現象との驚くべき一致、理論が合理的説明を提出していることにあった。ケプラーの探究は、宇宙のコペルニクス的秩序が何に由来しているかに向けられている。より根源的で秩序の背後にある「原型的秩序（法則性）」の探究、あるいはケプラーの意図に沿った表現をするならば、建築師たる神が宇宙という建造物を創造したときの設計理念を解読する試みといってもよい。彼の天文学研究は生涯この情熱につき動かされていた。

一五九六年、処女作『宇宙誌の神秘』を発表した。ケプラーの立てた問いは興味深い。惑星の数はなぜ六個なのか（コペルニクスにおいて、伝統的な「七惑星」から月が脱落したことに注意）、惑星天球の距離と周期はなぜコペルニクスのいう値になっているのか。

皆さん、これは変な問いだと思いませんか？　どうやれば答えたことになるのだろうか？　観測データをたくさん集めれば答えられるのか？　そもそもこれは科学的な問いと言えるのだろうか？

経験的に解答できないこの種の問いに対し、ケプラーはさまざまな試み――惑星距離について言えば、整数倍の距離関係、距離の階差数列が一定、二惑星の大会合の位置を順に結んでできる包絡線の大きさ、等々――をした挙句、正多面体仮説をその解答として提示した。惑星天球と正多面体を交互に内接させる仕方で宇宙は設計されている、というのである。正多面体が五種類しか存在しないという数学的事実は古代ギリシャより知られていた。惑星が六個である秘密は五という数にあった。惑星天球と正多面体を順次内接させていくその配列は、土星―正六面体（立方体）―木星―正四面体―火星―正一二面体―地球―正二〇面体―金星―正八面体―水星であり、その中央に太陽が位置している（土星と恒星の間には、正多面体ではない不規則立体が入るとされた）（図20）。

こうして数学的に決定された惑星天球距離（離心値、小周転円のゆえに或る厚みをもっている）は、不思議なことに、コペルニクスの距離の値とそれほどずれてはいない。しかし仮説に自信をもつケプラーはそのズレを説明すべく、当時最新の観測データをもっ

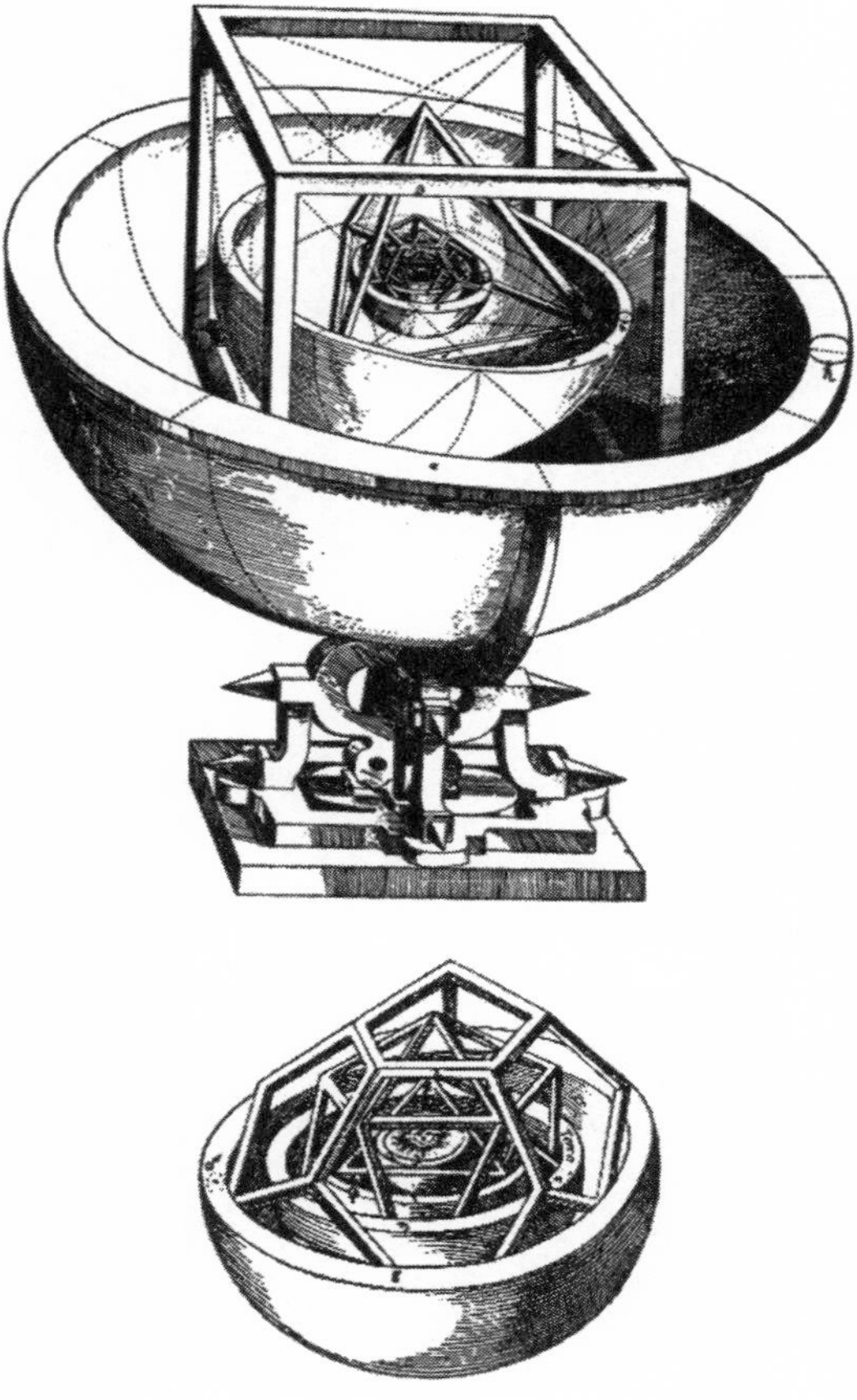

図20　ケプラーの正多面体仮説
下は、内部の拡大図（火星から中央の太陽まで）

ていたティコと接触を求めるようになる（「神は幾何学する」という信念を持っていたケプラーは、コペルニクスの惑星距離の数値のほうに問題があると見なしていた）。

『宇宙誌の神秘』のもう一つの特徴は、天界運動を引き起こすものを考えたことである。この時点では、太陽に存する「運動霊魂」が外部へ平面的に——自転車のスポークのように——放射され、それが回転することによって惑星を動かすと考えられた。そのためにケプラーは太陽が自転していることを要請した。一六二一年に再版を出したとき、霊魂ではなく、「力」と言うべきだったと自己批判しているが、いずれにせよ、コペルニクスに重要な変更を加えていることは明らかである。コペルニクスのように地球軌道の中心（つまり平均太陽）を惑星距離の原点にとることは無意味であり、太陽という物体の存する所を原点にとらねばならない。真太陽を宇宙の力学的中心とすることで、ケプラーは本当の意味で「太陽中心説」としたのである。

太陽中心説としたことの含意は、彼の第二作で最も明瞭に表われている。書名そのものが、その新しさ、革命性を告げている。そのフルタイトルは『ティコ・ブラーエ卿《きょう》の観測データにより、火星の運動についての注釈の形で取り扱われた、原因に基づく新天文学、もしくは天界の自然学』(一六〇九)。この書の新しさはまず、われわれがケプラーの第一法則(惑星の楕円《だえん》軌道)・第二法則(面積速度一定)と呼んでいるものを提出した点にある。第二に、そして方法論的にはこの方がもっと重要なのだが、天体物理学ないし天体力学の観念を提示することにより、天文学を数学から自然学の分野へと移行させた点にある。後に出版された『ルドルフ表』(一六二七)の表現によれば、「天文学全体が虚構的な円から自然的原因へと思いがけず移行したことによる新奇さ」ということになる。

ギリシャ以来、コペルニクスに至るまで、天文学者の固定観念であった「惑星運動は一様円運動から成る」(科学思想史家コイレはこれを「円の呪縛」と表現した)を否定して、ケプラーがどのような思考回路を経て楕円運動の考えに達したか、その概略を見ておこう。コペルニクスまでの二〇〇〇年来の大原理を否定するのだから、これは大変なことだ。

ケプラーの法則

デンマークを追われプラハ宮廷の皇帝付き数学者兼占星学者となったティコを、ケプラーは一六〇〇年の初めに訪問した。『宇宙誌の神秘』を贈られ、その数学的才能を認めていたティコはケプラーを助手として雇い、火星軌道の研究を課題として与えた。ケプラーとしては、各惑星の精確な離心値を得て正多面体仮説を完成させるつもりであったが、離心値の大きな――ということは、円軌道の組合せでは容易に手に負えない――火星を課題としたことは幸運であった。一六〇一年にティコが没し、そののち彼の後継者となったケプラーは、一六〇五年に至るまで火星の問題に取り組み、ティコの観測データと格闘したのである。

「惑星を動かすのは太陽である」として真太陽中心説を採用したケプラーにとって、もはやコペルニクスのように惑星の軌道面が地球軌道の中心を共通に通過することはありえず、真太陽を通過するのでなければならない。惑星を動かす力は太陽から平面的に放出されるから、その力は惑星までの距離に逆比例して減少すると見なされた。すると距離に応じて、運動力が変化し、それは惑星の軌道速度に変化をもたらしているはずである（ただし、速さは力に比例すると考えた点では依然としてアリストテレス自然学の枠内にある）。コペルニクスが「一様円運動の原理」を遵守《じゅんしゅ》して惑星理論に組み込んだ小周転円は、ケプラーにとって、惑星の速度変化の事実を隠蔽するものに他ならなかった。そしてコペルニクスが聞いたならおそらく驚くようなことをするのである。エカントの復活である。プトレマイオスがエカントを使用したことには、物理的理由があったと理解したのである。そしてすべての惑星に対し、同一の理論構成を要求し、プトレマイオスやコペルニクスが太陽あるいは地球の軌道に関しエカントのない離心円を使ったのに対し、ケプラーは地球軌道にもエカントを導入したのである。歴史の過程はまさに錯綜している。

ケプラーはエカントをもつ地球の「円軌道」を決定したのち、火星軌道を決定する仕事にかかった。観測データから四つの位置を選び出し、それらの点が同一円周上に乗るような円軌道を決定しようとした。数学的には三点で円が決定されてしまうから、この作業がいかに途方もないものであるかは容易に推測できるだろう。「少なくとも七〇回」の組合せを試行錯誤して、やっと満足のいく結果を得た。離心値を二等分しない理論モデルであった。ティコの観測値と比較すると、経度のズレは最大で二分一二秒、平均すると五〇秒という優れたものである。しかし距離の因子が大きく作用する緯度については大幅にずれてしまった。コペルニクスであれば、経度理論としては十分であると判断しただろう。しかし物理的観点に立つケプラーには、経度と緯度の理論を分離することはできず、経度予測の道具としては認めても、実在の描像としては不適切と判断した。ケプラーがこの最初の成果を「代用仮説」と呼んだ所以《ゆえん》である。

そこでケプラーは代用仮説を修正し、離心値を二等分する新仮説を考えた。つまり技術的な細部では、プトレマイオスに戻ったのである。エカントは定義上、等角速度の回転中心であるから、遠日点と近日点においては、同じ時間に惑星Pが通過する微小な円弧の長さは、太陽Sからその円弧に至る距離（円周距離と呼ぼう）に反比例することを数学的に証明することができる。そしてこれは観測データとも合う結果である。ケプラーはそこから（誤って）一般化し、他の位置でも成り立つとした。つまり、円軌道上の任意の点i（微小な幅をもつ）での惑星Pの速さ（v_i）はその円周距離SP（d_i）に反比例するとした。また、速さと時間（t_i）が反比例関係にあることを考えると、（$t_i \propto$

d_i）を導くことができる（円周距離法則）。したがって、或る長さの円弧を通過する時間（$t=\Sigma t_i$）を求めるには、各距離の総和（Σd_i）を求めればよい。しかし後者を逐一計算するのは面倒であり、ケプラーはそれを扇形の面積（A）で代用した（$A\fallingdotseq\Sigma d_i$。もちろん正しくない）。すると（$t\propto A$）が得られる。面積法則である。ケプラーの探究においては、二重の誤りとかなり強引な仕方で、第二法則が第一法則に先立って発見されたのである。しかしながら、この面積法則を使って新仮説で火星の位置を計算し、代用仮説と比較してみると、四分点（遠日点経度が0度、±90度、±180度の地点）では満足いくが、八分点（同じく±45度、±135度の地点）では角度で八分も経度がずれていたのである。しかしケプラーはティコ以後の天文学者である。「八分のズレ」はその仮説が誤っていることを明確に示していた。火星軌道は円ではない、とケプラーは考え始めるようになった。「円の呪縛」を脱し始めるのである。

　面積法則を使って、八分のズレを解消する試みの中から姿を現わしたのは、先の離心円軌道の内側に凹んだ「卵形」の軌道であった。しかし卵形曲線の分析はケプラーの数学的能力を超えていた。そこでギリシャ以来数学的性質のよく分かっている楕円で近似した。この近似的な補助楕円を使って軌道計算をすると、またもや八分ずれてしまった。しかし今度は先の場合とは符号が逆であった。八分のズレを生じさせた二つの曲線（離心円と近似楕円）の中間に真の軌道が存在するはずである。ケプラーは代用仮説と一致する楕円を見つけたが――つまり、正解に達したが――、彼の意識では、楕円はあくまでも近似であり、本物は卵形であった。卵形に似た曲線として、「レモン形曲線」や「脹《は》れた頰っぺた曲線」なども試みている。楕円軌道を本物と見なす（第一法則）のにさらに数年の紆余《うよ》曲折を経た。円周距離SPではなく、SPを直径上に射影したものを惑星の日心距離としなければならないこと（直径距離法則）に気づくことも含め、火星との戦いがやっと終了するのは、一六〇五年五月のことであった。

円の呪縛からの解放をケプラーに可能ならしめたものは、『新天文学』のフルタイトルに述べられている事項である。『宇宙誌の神秘』を特徴づける先験的方法を極力排して、ケプラーが数値計算に没頭できたのは、ティコ・ブラーエの精確な観測データへの全面的信頼があったからである。また彼の研究対象がもし火星以外の惑星であったならば、離心率の小さな惑星（離心率が最大の水星については、観測が難しく、また精確さも期し難い）に対しては円軌道で満足した可能性を否定しきれない（地球軌道を最初に決定したときには、円軌道で満足していた）。そしてケプラーの研究において終始導きの糸となったのは、天体運動の物理学的考察であった。出所のあやしい面積法則を彼が疑わなかったのは、それが力の考察に裏打ちされていたからである。力の実体としてケプラーは磁気力を考えていた。「地球は巨大な球磁石である」とのギルバートの主張を踏まえ（『磁石論』、一六〇〇年）、惑星を磁石と見なしたのである。太陽は一風変わった磁石で、その表面はすべてN極から成り（S極は太陽の中央にある）、惑星のN極・S極と反発・牽引《けんいん》し合って、円軌道から逸《そ》れると想像されている。たとえ未熟で誤っていたとしても、こうした物理学的考察が、コペルニクス説の揚棄を可能にしたのである。

周期の問題が解決されたのは、第三作『世界の和声論』（一六一九）においてであった。この書は、ピュタゴラス主義的な「天体音楽」のイデーに導かれている。各惑星はその速度変化に見合った音を出して運動している。惑星が宇宙全体で奏でる交響曲を知性の耳で聴きとろうというわけだ。数百に及ぶ音楽的な定理の中にわれわれが現在「第三法則」（周期は平均距離の3／2乗に比例する）と呼ぶものが述べられている。これはニュートンの万有引力の逆二乗則の基になったものだが、膨大な数の定理に埋もれた中からこれを見出《みいだ》し、その意義を把握したニュートンの慧眼《けいがん》には感心するほかない。一六二一年、ケプラーは『コペルニクス天文学綱要』（七巻分冊出版、一六一八〜二一年）を完成した。カトリックの教理問答集のように一問一答形式で書かれているが、内容はコペルニクスの解説というよりも、コペルニクス説に立脚したケプラー自身の今までの研究を集大成したものである（たとえば、正多面体仮説の解説もなされている）。コペルニクスの『天球回転論』は、ここに『第一解説』と並んで有力な味方を得たことになる。

以上の成果を踏まえ、一六二七年、ケプラーは『ルドルフ表』を出版した。この天文表は大成功を収めた。それ以前ないしその当時に競合したどの天文表よりも三〇倍もよく天体位置の予測をもたらしたからである。たとえば、一六三一年にガッサンディはケプラーの予測した水星の太陽面通過を検証したが、予測値との誤差は一〇分であり、プトレマイオス、コペルニクスその他の理論に立脚した予測値の五度とは雲泥の相違であった。位置予測の天文学に関する限り、太陽中心説の理論的優位はこの時点で確立されたということができる。コペルニクスの天文理論が公表されてから八四年後のことである。天文学の革命はケプラーで終った。

ガリレオの天体観測

しかし実在主義的太陽中心説は天文学だけの問題ではなかった。その射程範囲がどこまで広がっているかを見るのに最も適切な第三の人物ガリレオに目を転じることにしよう。

前の章のコラムでわれわれはすでにコペルニクス説の問題点を見た。それは、天文学・自然学・宗教（聖書）に係わるものであった。その問題点を一身に集約している人物が、ガリレオ・ガリレイ（一五六四〜一六四二）であった。

彼の職歴を述べておくと、まずピサ大学数学教授（一五八九〜九二）、次いでパドヴァ大学数学教授（一五九二〜一六一〇）に転任し、一六一〇年以降は没するまでトスカナ大公付き首席数学者兼哲学者・ピサ大学特別数学者であった。数学教授としての職務上、彼はエウクレイデスの『原論』、サクロボスコやプトレマイオスの天文学を講じたが、彼の学問的関心はむしろ運動論や機械学に向けられていた。特にパドヴァ時代は、斜面の実験を通して、落下法則を研究し、その理論的基礎づけを求めて、アリストテレス自然学を改変し始めていた。その理論的成果は、コペルニクス説に関連する限りで、後で触れることにする。

一介の大学教授にすぎないガリレオの名がヨーロッパ中に轟《とどろ》きわたるのは、一六一〇年、『星界の報告』の出版によってであった。一六〇九年オランダ人が望遠鏡を製作した噂《うわさ》を聞き、運動論研究を一時棚上げして、自らも製作し、天体観測を行なった。望遠鏡観測による新発見をひっさげて、ガリレオは華々しくデビューを飾った。一五九七年、『宇宙誌の神秘』を贈られたことへの礼状の中で、ガリレオはケプラーがコペルニクスを支持していることに賛意を表していたが、望遠鏡はガリレオを本格的にコペルニクス説と取り組ませることになった。

『星界の報告』においてガリレオが最も重視したのは、木星をめぐる四つの「惑星」（衛星のこと）の発見である。当時、就職運動を展開していたガリレオは、これを「メディチ星」と名づけ、トスカナ大公メディチ家の歓心を買っている。ガリレオの思惑はさておき、『星界の報告』以後になされた新発見も含めてまとめると以下のようになる。

(一) 月面の凹凸、(二) 銀河は無数の星の集合、(三) 星雲は小さな星の集団、(四) 肉眼で見える恒星の間にも無数の恒星が存在、(五) 木星の四衛星(以上が『星界の報告』の内容)、(六) 太陽黒点、(七) 金星の満ち欠け、(八) 土星は三重星(ガリレオの望遠鏡の性能では土星の輪がそう見えた)。

以上の諸発見は、地球が太陽の周りを自転しながら公転しているというコペルニクスの根本的主張を立証したであろうか。残念ながら、どれ一つとして立証能力はもっていなかった。しかしコペルニクス説に有利な材料を提供したということはできる。

発見(一)は、月が地球と同じように山や谷をもっていることを示し、天上界と地上界の二つを峻別するアリストテレス的宇宙像を撤廃する動きを促進した。地球を月と同じように天体だと考えることに何の不都合もないのである。

発見(二)から(四)は、コペルニクスの巨大化した有限宇宙にはふさわしいものである。

発見(五)は、太陽の周りを回転する地球の周りをさらに回転する月という「コペルニクスの宇宙の構造を、ありえないものとして拒否しなければならぬ、と考える」人々の困惑を除去する(犬を散歩させている人の場合とは違って、動いている地球に遅れずに月がついてくる紐が何のことかさっぱり分からない、ということ。引力の概念はまだないからだ)。伝統的な考えによっても、木星は回転しているのであり、その木星を回転する月の存在が示されたからである。

発見(六)は、太陽にも「汚れた染み」があることを示した点で(一)と同様だが、やや違った理論的含意がある。ガリレオは太陽表面で黒点が生成消滅する一方、それが移動していることを観測し、そこから太陽が自転していると結論づけた(そして、そのことによって地球の自転運動ももっともらしくなる)。するとコペルニクス説によるならば、次のことがごく自然に予想される。いま黒点が太陽面上を左上から右下にかけて移動していれば、それから半年後には、地球がいまとは反対側の太陽に面するから、黒点は今度は左下から右上に移動するであろう、と。そして事実その通りであった。だが天動説でもこの事実を取り込んで修正すればよいので(どのようにするのか、皆さん考えてください)、地動説の証明にはならない。しかし、地動説の方が新事実の発見へ導き、天動説はそれを後追いしていく傾向にあることは確かである。つまり、発見能力に違いが出てくる。

ガリレオにとってコペルニクス天文学への確信を深めたのは、発見（七）であったと思われる。一六一〇年、弟子のカステリ神父の示唆を受け、金星の観測が重要な理論的意義をもつことを悟った。プトレマイオス説によると、金星は常に太陽の手前に存在するのに対し、コペルニクス説によれば、金星は太陽の向こう側にあって満月状態になるときもあれば、手前にあって三日月状態になるときもある。金星の満ち欠けの有無を調べれば、両説の競合に決着がつけられる。一六一一年一月、満ち欠けに確信をもったガリレオはその発見を字謎で公表し（これは科学的発見の優先権を確保する手段でもあった）、後に字謎の解読を示した。「愛の母〔金星〕はダイアナ〔月〕の姿を真似《まね》ている」という意味だ。しかし地動説が立証されたのではない。ティコ体系においてなら同じように金星は満ち欠けをするからである。だがもう一つ重要なことがある。望遠鏡観測は、円盤状の金星と三日月状の金星とでは、後者が六倍ほど大きく見えることを明らかにしたことである。金星の地心距離の変化は、肉眼観測によって立つオジアンダーに天文理論一般の「不条理性」を説かせたのだが（無署名序文）、望遠鏡はその論理を打ち破ったのである。

望遠鏡は恒星の巨大化という論拠も切り崩した。望遠鏡で恒星を見ると、肉眼で見たときよりも「小さく見える」。ガリレオはそれを望遠鏡が「まず、星から見かけの偶有的な光彩を取り去ったうえで、その単純な小球体を拡大する」と解釈し、恒星の大きさについての伝統的な見積りを訂正したのである（たとえば、一等星の視直径は二分ではなく、五秒となった）。伝統的な宇宙よりも遥かに大きくなったコペルニクスの宇宙においても、恒星自体はそれほど巨大化しないのである。

科学器械としての望遠鏡は、人間の肉眼という感覚器官の制約を越える新たな「感覚的経験」を可能にした。ガリレオがいかにこの経験を重視していたかは、『星界の報告』で銀河について述べた言葉からうかがうことができる。「この眼で確かめることによって、数世紀の間哲学者たちを悩ませてきたすべての論争に、終止符を打った」。ガリレオにとって「見る」ことはまさに「信ずる」ことであった（To see is to believe）。

アリストテレス自身でさえ、「現在の感覚的観測を知っていたら」、その考えを変えるだろう、とガリレオは考えた（『太陽黒点論』〔一六一三〕第二書簡）。第三書簡で土星の三重星に困惑しながらも述べた言葉――「それはコペルニクスの偉大な体系と驚くほど調和している」――は、望遠鏡によるガリレオの諸発見すべてに適用しても的外れではないであろう。こうしてガリレオはコペルニクス説支持の立場を公式に明らかにした。そして何度かローマ詣《もう》でを行ない、ローマ学院（カトリック教会の旗艦的教育機関）のイエズス会の学者たちに諸発見を認めさせるとともに――ただし、発見内容の解釈については異論もあったが――、コペルニクス説を説得するために精力的に活動した。

ガリレオは明らかに太陽中心説を実在主義的に理解していた。観測行為そのものがそれを雄弁に物語っているが、天文学者を二種類のタイプに分ける彼の議論にも触れておこう（『太陽黒点論』第一書簡）。周転円、離心円、エカントなどは計算を簡単にするために純粋天文学者たちによって仮定されたものにすぎない。しかし哲学的天文学者たちはそれらを用いず、彼らは現象を救うという要請を超えて、宇宙の真の構成を探究する。ガリレオが自らを「哲学的天文学者」と考えていたことに疑問の余地はない。

望遠鏡による天体観測記録、およびそれを実在主義的なコペルニクス説に利するガリレオの解釈は、賛否両論をまじえ、大きな反響を呼んだ。ガリレオは否応なしに論争の渦中に巻き込まれていく。早くも一六一〇年、フィレンツェの学者コロンベは『地球運動の論駁《ろんばく》』（写本で流布《るふ》）を書き、反地動説の伝統的論拠を反復して、ガリレオを論難した。一六一二年、イエズス会士シャイナー（一五七三〜一六五〇）はアペレスの偽名で『太陽黒点についての三書簡』を出版し、ガリレオが黒点と称しているものは、太陽と地球の間にある新種の星だと論じていた（一六二〇年には、それをブルボン星と命名した書物も現われた）。同年、ローマ大学の論理学教授ラガラ（一五六七〜一六二四）は『月の天球における諸現象について』を出版し、観測から月面の凹凸を結論することはできないとし、それを否認した。一六一四年には木星の四衛星発見の先取権をめぐってマイルとの間で論争も生じた。望遠鏡で「見る」ことによって増幅された実在主義的太陽中心説は、一六一六年五月には、布教聖省長官インゴリに『大地の位置と静止について――コペルニクス体系論駁』を書かせるほどであった。そして大衆の間では、「百聞は一見に如《し》かず」はやはり真実であったろう。その一方、天文学に疎い保守的聖職者の間にガリレオ非難の声が強くなり始めていた。

論争が熾烈《しれつ》の度を増すのは、コペルニクス説と聖書の関係を改めて問題とせざるをえない状況を望遠鏡とガリレオのキャンペーンが作り出したからである。一六一三年一二月一三日、コジモ二世家で開かれた晩餐《ばんさん》会の折、母公妃に対して、ピサ大学哲学教授ボスカリヤは、地球の運動は明白に聖書と矛盾している、と発言した。このことに端を発し、ガリレオは弟子のカステリ神父（ピサ大学数学教授）に手紙を書き（一六一三年一二月二一日）、コペルニクス説と聖書の関係を論じた。そしてこの手紙の写し（ガリレオに不利な写し誤りを含む）を入手したロリーニ神父が、ガリレオを異端として告訴する騒ぎになった。一六一五年二月七日のことである。

ガリレオのカステリ宛ての手紙、およびそれを大幅に拡大した『クリスティーナ母公宛ての手紙』（一六一五年六月）におけるガリレオの立場は非常に明瞭である。「聖なる書物」も「自然という書物」も共に神の御言葉に発するゆえ、矛盾することはありえない。聖書に誤りはないとしても、その注釈者や解説者の中には時として誤りを犯すことがあるかもしれない（字義的解釈の弊害）。聖書が意図し、教えているのは、どのように天国に行くか（イタリア語では、come si vadia al cielo）であって、どのように天界が動くか（come vadia il cielo）ではない。つまり、聖書の自然記述に対して適応主義的解釈をとる傾向をガリレオは示している。彼によると、「感覚的経験」と「必然的証明」によって結論された自然学上の命題を聖句を根拠に疑ってはならない。むしろ、その自然学的命題と整合するように聖句の解釈を改めるべきであるとしている。

科学の事柄は、即、信仰の事柄ではない。ガリレオは、科学の自律性を主張しているのである。母公が言及した『ヨシュア記』の記事（一〇章一二―一四節。我々もすでにルターとの関連で述べた）をガリレオは特に取り上げ、コペルニクス説によってこそこの章句が字義的に解釈できるようになると説いた。太陽の自転を「必然的に証明した」と自負するガリレオは、光と熱と運動の源泉である太陽の自転を止めることによって、自動的に全惑星の運動が止まったとする新解釈を提出したのである。「聖書を自己流に解釈し」（ガリレオ裁判判決文）、部分的にもせよ、聖書の解釈権を神学者から奪い自然学者に委ねる方向へ歩み出したとき、ガリレオに危険が迫っていたのである。プロテスタント問題、教会改革を議論したトリエント宗教会議（一五四五～六三）は、一五四六年、聖書解釈に関して、教会教父たちが一致している伝統的解釈に反してはならない旨の議決をしていたからである。

ロリーニの告訴を受けて、ローマ教皇庁の検邪聖省は一六一六年二月二四日、次の二命題を検閲し判決した。（一）太陽は宇宙の中心であり、位置運動に関しては全く不動である。（二）地球は宇宙の中心でも不動でもなく、むしろ全体としても〔公転運動〕また日周運動によっても動いている。判決理由によると命題一は、哲学的には馬鹿げた不条理なことであり、形式的には異端である。命題二については、哲学的には同じ非難に値し、神学的真理にかんがみて、少なくとも〔カトリック〕信仰上は誤りである。コペルニクス説の実在主義的解釈が高まる中で、カトリック教会は初めてその強権を行使した。プロテスタントに対抗して教会改革を遂行していたカトリックは、ガリレオらの科学者のうちに獅子《しし》身中の虫を見出《みいだ》した（ただし、この動きの中で、トスカナ大公のお抱え学者であるガリレオの名前は慎重に伏せられていた）。二月二六日、ガリレオはベラルミーノ枢機卿よりその判決を知らされ、訓告を受けた（不正確だが、しばしば第一次裁判といわれる）。

三月五日には禁書目録が公表された。この中で全面禁止の一番厳しい処分を受けたのは、カルメル会神父フォスカリーニの著書『地球の運動と太陽の静止に関するピュタゴラス派とコペルニクスの見解について。および新しいピュタゴラス的な宇宙体系』（ナポリ、一六一五年）であった。コペルニクスの『天球回転論』は、アウグスティノ会修道士ツニーガの著書『ヨブ記注釈』（一五八四年トレドで刊行され、一五九〇年ローマで再刊。コペルニクス説と聖書の一致を説く）と並んで、比較的穏やかな処分を受け、不穏当な箇所を訂正するまでは閲読中止とされた。その箇所の指摘と訂正命令は一六二〇年に公布されたが、それはコペルニクスが地球の運動を断定的に述べたものを仮説的性格のものへ変えることを要求したものだった。コペルニクス説をオジアンダー路線へ引き戻すことを狙ったものであると見なすことができる。

ガリレオの『天文対話』と宗教裁判

科学理論の仮説性を強調する論調は、ベラルミーノ枢機卿のフォスカリーニ宛ての書簡（一六一五年四月一二日）にはっきりと表われていた。或る理論が他の理論よりも現象予測のうえで優れていることと、それが実在の忠実な描像であることとは区別されねばならない。前者は何ら問題とならないのに対し、後者は非常に危険な態度である。したがって、「太陽が実際に諸天の中心にとどまっていて、東から西へと運動することなく、単に自転しているにすぎないと主張しようと考えたり、また、地球は第三の天球に位置していて、巨大な速さで太陽の周りを回っていると主張しようと考えることは、非常に危険なことだ」となる。

枢機卿はこうした主張に「確実な証拠があるとしたら」、それと相容れないように思われる聖句の解釈を変更する余地を認めているが、そうした主張が証明され得るとは彼には信じられなかった。「地球が静止していることははっきり体験できますし、太陽が動いていると判断しても、それは眼の誤りではないからだ」。こうした感覚的判断はわれわれの日常生活に深く根差しているだけに、それを反省的考察の俎上《そじょう》に載せるのが如何《い》《か》に難しいかを示しているだろう。「常識の呪縛」を打ち破るのは何と難しいことか。

コペルニクス説を「擁護したり抱いてはならない」と訓告されたガリレオは、その後、慎重に行動をしていた。しかし、ガリレオの名誉を称えた詩を書き、ガリレオと同じくリンチェイ学士院会員であったバルベリーニ枢機卿が、ローマ教皇ウルバヌス八世となってからは（一六二三年）、再び活発に活動し始めた。一六二四年四月、ローマに新教皇を表敬訪問。コペルニクス説への禁令を撤回させるよう説得したが、教皇庁の方針は変わらなかった。しかしガリレオは、「教会の聖具保管室へ立ち入らないように」配慮すれば、太陽中心説を論じた書物を書くことは自由だ、との印象をもったようである。一六二四年九月、『インゴリの論議へ答える手紙』を執筆し、コペルニクス体系の正しさは議論の余地なく明らかであると主張しながらも、それが真であるとは主張しなかった。フィレンツェ、ローマでその写本が流布し、新教皇も興味をもって読んだ。それゆえ、ローマ当局は異を唱えなかったのである。翌一六二五年三月、ガリレオは画期的な著作の執筆に取りかかった。一六三〇年一月には完成したが、出版許可の取得に手間取り、一六三二年二月にフィレンツェで出版された『プトレマイオスとコペルニクスの二大世界体系についての対話』(通称『天文対話』)である。

読者向けの序文でガリレオが語っている執筆動機は、一六一六年に出たコペルニクス説への禁令が無知にもとづくものではないことを示すことにある。アルプスの向こうのプロテスタント科学者(たとえば、ケプラー)が考えたことぐらいは、イタリアのカトリック科学者も先刻承知していた。それを示すために、ガリレオは「議論の中では(とりあえず」コペルニクスの側に立ち」、それを「純粋に数学的な仮説として取り扱い」ながら、その優位性を説いていく、というのである。しかし、三人の登場人物によって四日間にわたって展開される会話は、コペルニクス説の可能性、蓋然性、立証というように進行する。対話の構成法をみれば、執筆動機なるものが単に表向きのものでしかないことを暴露しているのである。

コペルニクス説が「馬鹿げた不条理」などではなく、可能な説であることを示すために、対話の第一日目は、アリストテレスの宇宙論・運動論（自然哲学）への体系的な攻撃に割かれている。天上界と地上界を峻別する伝統的ドグマに対して、その同質性が示される。月面の凹凸（クレーター）や太陽黒点という観測事実は天を地に引き下げ、地球が太陽光線を月面へ反射している（地球照）事実は地を天へ引き上げるものである。そして最も注目されるのは、アリストテレス運動論の基本的区別——静止と運動、自然運動と強制運動など——を維持し難いと見なしていることである。ガリレオの議論の核心は、「慣性運動の把握」にある。若い頃の習作『運動論』（一五九〇年頃）においてすでにガリレオは反アリストテレス的な方向へ歩み出していた。斜面の運動の考察から、斜面をころがり落ちて水平面上を進む物体の運動は、自然的でも強制的でもなく「中立的な運動」であるとされた。水平面は地球中心から等距離であるから、中立的運動は円運動ということになる。『対話』では「円運動は永遠に斉一的である」と明言されている。

アリストテレスのように静止は状態だが運動は過程だと見なすのではなく、静止も運動もともに状態である。したがって、物体はひとたび円運動の状態に置かれるなら、その状態を維持するのである。惑星が等速円運動を維持するのは（ガリレオはコペルニクスと同様に惑星軌道を円と考え、ケプラーの楕円軌道を認めなかった）、運動そのものの本性によって可能なのである。直線運動ではなく円運動を慣性運動と見なした点にガリレオの制約があるとしても（科学史家は「ガリレオの円慣性」と呼んでいる）、コペルニクスのように惑星が円運動する原因を詮索することはもはや無意味であるとされたのである。第三日目の対話では、地軸の定方向性のためにコペルニクスが導入した地球の第三運動は、「全く運動ではなく」、一種の静止状態の維持であるから、不必要と見なされている。『対話』の第二、第三日目には、地球の自転・公転運動が論じられている。自転に反対する古典的異論——ちょっと補足を加えながら例を示すと……塔から石を落とすと、それは真下ではなく西寄りに落ちる（石が落下している間に、塔は地球と共に東に移動しているからだ）。大砲の玉を東向きと西向きとに撃った場合、飛距離に違いが出る（西向きの飛距離のほうが大きいというのだ）、鳥の飛翔（鳥は自由に空を飛んでいられなくなる）、雲の動き（雲は常に西に流れるはず）、激しい東風が吹いてくるはず、自転によって物は振り飛ばされる（地球が二四時間で一周四万キロを自転すれば、時速は一六〇〇キロにもなる。飛行機でも一〇〇〇キロぐらいだから、すごいスピードだよね）、等々——を論駁し、また視差測定の問題や望遠鏡による諸発見から地球の公転が肯定的に論じられた。

ガリレオの異論論駁には誤っているものもあるが、少なくとも二つの洞察には言及しておかねばならない。一つは、共有された運動は「感覚されず、知覚されず、何らの作用も及ぼさない」こと、つまり力学的な相対性原理の認識である。もう一つは、水平運動と垂直運動が独立の成分であること、つまり運動合成の原理である。「アリストテレス、プトレマイオス、ティコ・ブラーエ、……すべての人々の誤りの根源」はこれらの原理を認めそこなった点にあり、これを認めれば「大地でなされる経験はすべて大地の運動性を結論するのに不十分な手段であり、したがって大地が運動しようが静止しようが等しくこれに適合しうるものであることを示す」ことができる。

第四日目は潮汐《ちょうせき》現象を論じている。ガリレオがいかにこれを重視していたかは、本来、書名として『潮汐についての対話』を予定していたことからも明らかである（出版許可を得る際に、検閲官に屈し、現行の書名になったのである）。少なくともガリレオにとってはこの第四日目の議論こそ「コペルニクス体系を十二分に確証するもの」（前出書簡）であった。ガリレオが「巧妙な幻想」（『対話』序文）と呼んだその説明を要約すると（図21）、地球の公転速度（V）と自転速度（v）の向きが、太陽Sに面した地球上の地点Aとその反対側の地点Bとでは逆になり、A点での海水の速度は（$V-v$）、B点でのそれは（$V+v$）となる。この速度変化が原因となって、A点では満潮（真昼のとき）、B点では干潮（真夜中のとき）が生ずるというのである。この説明は全く誤っていた。潮汐現象の事実と矛盾している――ガリレオの理論では、一二時間毎に干満が生じてしまうが、実際は六時間ごと――のみならず、観測者が地球と共有する運動は知覚されないはずであるから、ガリレオ自身の発見した相対性原理とも矛盾した立論だったのである。

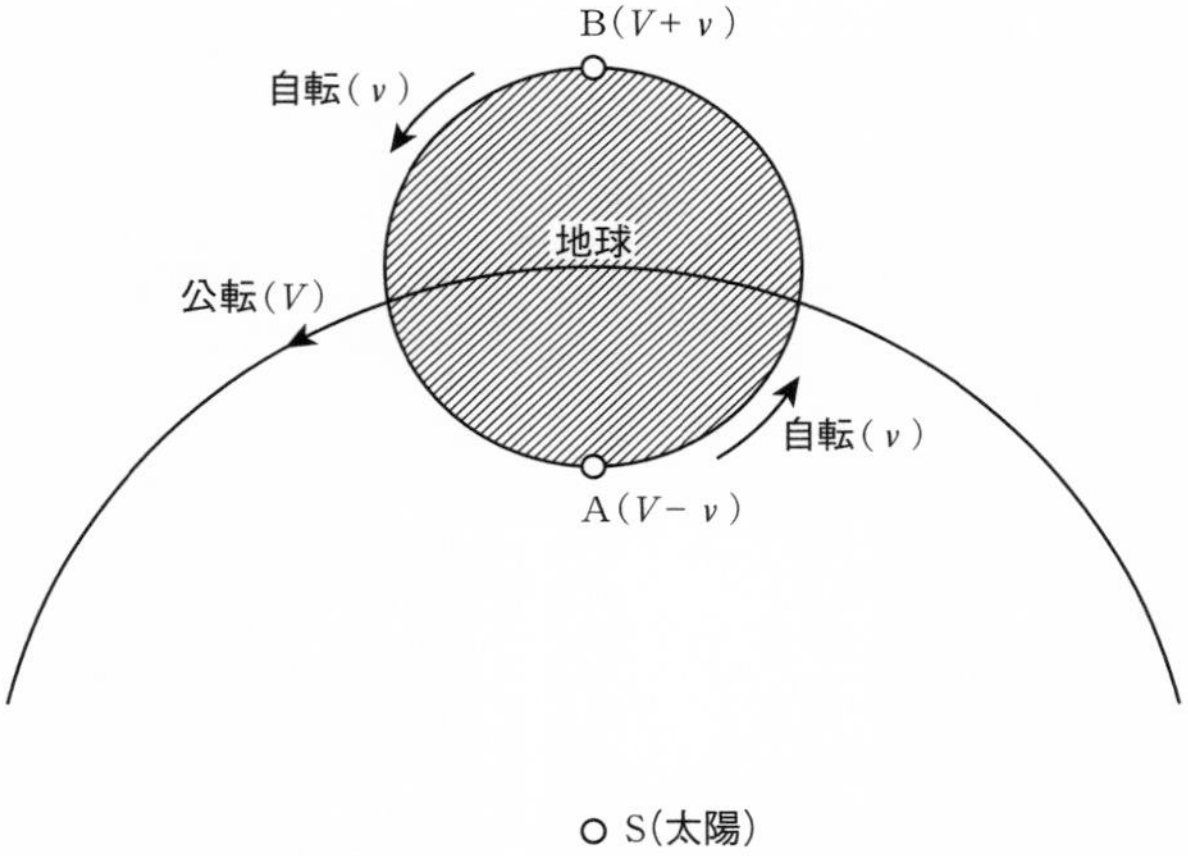

図21　ガリレオによる潮汐現象の概念図

『対話』は、ガリレオの隠された意図通りに、コペルニクス説の実在主義的解釈を強力に押し進めた。ローマの宗教権力が再びガリレオにのしかかった。一六三二年七月、『対話』は発売禁止となり、一〇月一日には著者にローマ出頭命令が下された。翌一六三三年四月一二日から六月二二日にかけて、有名な第二次裁判（ガリレオ裁判、と言われるのがこれです）が行なわれた。この裁判は形式的には一六一六年の（訓告ではなく）命令に対する違反を審理するものだった。単に「科学」対「宗教」の対立抗争というものではなく、ウルバヌス八世の個人的動機と国際政治情勢（当時は欧州全体を巻き込む三〇年戦争のまっただ中にあって、教皇も当事者の一人であった）も複雑に絡み合った事件であったとだけ述べておき、その詳細は他の書物に譲ろう。

太陽中心説に対してガリレオは、「純粋天文学者」としてではなく、「哲学的天文学者」として貢献した。つまり彼の関心は、ケプラーのように天文理論の技術的細部を探究することではなく、むしろコペルニクスの実在主義者としての側面をさらに徹底すること、すなわち、地動説と整合するように運動論を根本的に改変することであった。ガリレオはその着手作業を見事にやり遂げた。非慣性的原理——日常の世界ではこれはごく自然な原理である――に立脚していたアリストテレス運動論に、慣性の原理を突きつけ、運動合成の原理も提出した。運動論の原理レベルの転換は、アリストテレス自然学の全体系を揺すぶらざるを得ない。

コペルニクスが伝統の堡塁に開けた穴は、今や大亀裂を生み出し、その深溝から新しい運動論・新しい自然学が姿を現わしつつあった。裁判後アルチェトリの別荘に幽閉されたガリレオの仕事は、それに連なるものである。最後の大作となるその成果『機械学および位置運動に関する二つの新しい科学についての論議と数学的証明』(略称『新科学論議』)は、その原稿が秘かに国外へ持ち出され、新教国オランダのエルゼヴィル社より一六三八年に刊行された。運動を論じたこの書物は天文学と直接に係わることはないが、自由落下体の法則、投射体の半パラボラ軌道の確立などの新しい成果を収め、実験的方法と数学的方法の独得の結合による「数学的自然学」の理念を成功裏に謳《うた》っている。

新しい運動論の誕生は天文学に反照する。実在主義的太陽中心説への非難は、アリストテレス主義的立場での難点の指摘にすぎなかったことが明らかになった。新運動論の立場からすると、その難点は長所にさえ転ずるのである。さらに重要なことは、ギリシャ以来、宇宙論が運動論の基本的枠組を設定し、それを規制していたのに対し、今やそれが逆転したことである。宇宙論は、運動論に矛盾しないように構成されねばならない。だが、新しい運動論はまだ生まれたばかりである。それが成長していくには、まだまだ多くの難関を突破せねばならなかった。ガリレオの『新科学論議』（一六三八年）からニュートンの『自然哲学の数学的諸原理』（一六八七年）まで、さらに半世紀の時を要したのである。

コペルニクスは天才だったのか？

最後にここで改めて、コペルニクスの天才はどこにあったのか、あるいは何がコペルニクスを科学の天才にしたのかについて一言述べて、締め括《くく》りとしよう。世に「コペルニクス革命」とか「科学革命」とか言われているのは、コペルニクスの地動説からニュートンの万有引力理論にいたる期間にヨーロッパで生じた「近代科学の成立という出来事」を指している。このプロセスの最初に位置しているのがコペルニクスだ。ではその出来事の端緒にいたコペルニクスは何をしたのか、思い返してみよう。そしてそれは、われわれが科学活動について抱くイメージを見直すことにもなるだろう。

位置計算の天文学に関心を持ったコペルニクスは、ポーランドとイタリアの諸大学で法律や医学の勉強のかたわら、ポイアーバッハやレギオモンタヌスらの教科書や書物から当時の最先端の天文知識を学んだ。古代ギリシャ以来の伝統的なプトレマイオス天文学の理論を吸収してみると、ある原理的な問題に気がついた。この定量的にも満足のいくプトレマイオスの天文理論は、一様円運動の原理を破った上で成立していたのだ。大方の天文学者のように、この理論で天体位置の予測がきちんとできるのだからいいじゃないか、と考えることもできたが（道具主義的理解）、コペルニクスはそう考えなかった（実在主義的理解）。原理違反をした理論を認めることは彼にはできなかった。これはいわば彼が天文学という分野の素人だからできたことだった。玄人、たとえば大学で天文学を教授していた人や天体暦を作成していた実務者は、こうした原理的問題を気にしていたのでは、研究や仕事が進まないからだ。伝統の内部に見出した原理的だが実に細かな問題から彼は探求を開始した。原理に忠実な形にプトレマイオスの天文理論を書き直す、つまり理論の内部修正に手をつけたのだった。「地球が動いている」ことを示唆する観測データを手に入れて、地動説の提唱に至ったのではない。

問題から出発したのであって、観察から出発したのではない。これが大切なところだ。小学校以来おそらくよく言われてきたのは、科学ではまず観察をしっかりやりなさいということだ。この文脈で「ニュートンとリンゴの木」のエピソードが観察の大切さを説いたものとしてよく語られる。少々回り道になるが、コペルニクス理解にも有益だと思うので、触れておこう。私はこの語り口は科学活動を誤解させると思っている。その理由はこうだ。リンゴの木の下にいてリンゴが落ちてくる。なぜ落ちてきたのか、と考えて、万有引力の発見に至るというのだが、リンゴが落ちてくるのを見て「なぜ？」という問いが出てくるだろうか？　普通は出てこないだろう。普通の人には出てこないが、ニュートンには出てきた。だからやはりニュートンは天才なのだ、と言ってしまっては、話が逆転していると思うのだ（この話の裏には、「ニュートンは偉いなあ。私はバカだなあ」という思いが潜んではいないだろうか。科学をやってみようか、という気勢を削《そ》ぐのではないだろうか）。万有引力を発見したから、ニュートンは天才と言われるようになったのだ。ニュートン自身も「よく観察して」とは言わず、「よく考えて」発見したと言っている。彼は自分の農園にいたときにも、或る問題を考え続けていたのだ。そのときリンゴが落ちてきた。「このリンゴの木の高さが二倍になったら、リンゴは落ちるだろうか」「落ちる」「一〇倍、一〇〇倍、一〇〇〇倍……だったら？」「落ちる、落ちる、落ちる……！」そしてとうとう「月にまで達するリンゴの木」を考えた。「〈月というリンゴ〉は落ちるだろうか？」「リンゴだから落ちる。でも、月はリンゴのようには落ちてこない……ハテナ？？？」。目の前に実際に落ちてきたリンゴは、考えを刺激するきっかけに過ぎなかった。ニュートンが考えていた問題は、リンゴが落下するのも、月が地球を周回するのも、同じ力が働いていることとして理解できないかということである。それは同一の法則が地上界も天上界も支配しているのではないかという大問題だったのだ（先程の？？？が気になる人のためにボンヤリと言っておこう。月はしょっちゅう「落ちて」いるので、地球から遠ざからずに、地球に「落ちて」「周回する」のです）。

科学は観察から始まるというのは、厳密にいえば正しくない。何を観察するのか、どこに目を向けて観察するのか、目のつけどころが大切なのだ。ゲーテはかつてこう言ったそうだ。「目が太陽に向けられなければ、目は太陽を見ない」。何に目を向け、どこを、どのように観察するのかは、人の認識関心に依存するのである。観察データは人が認識関心・問題関心に従って苦労して集めてくるものなのだ。その意味で、科学はつねに問題から始まる。コペルニクスの場合もまさにそうであった。プトレマイオス理論を「一様円運動の原理」を尊重した形に内部修正する。これがコペルニクスの問題だった。そしてこの問題を考え続ける中から、思いがけず天球交差というハテナ問題が出てきたのだ。そしてこのハテナ問題への解答が地球の公転というアイデアだった。しかしこれはハテナ問題の二乗と言ってもいいくらいの難問を次々と突きつけてきた。天文学の伝統的了解である道具主義的理解へ退避すれば、難問は回避できたというか、消失した。しかしコペルニクスは敢然と実在論的理解をとり、数学から自然学へ越境し、アリストテレス自然学を改変する方向へと学問を転轍《てんてつ》した。それはまだ、アリストテレス主義で固められた学問観・宇宙観の堡塁に開けられた小さな穴に過ぎなかった。しかしその穴が学問観・宇宙観のみならず、ひいては宗教観へも波及することをコペルニクスは予感していた。だから、哲学者と神学者の反応を心配したのだ。しかしコペルニクスは自ら発見した問いをたゆまず問い続け、ぶれることがなかった。ここがコペルニクスの偉かったところではないだろうか。ガリレオの言葉を引用すれば、コペルニクスの出発点は「生き生きした知性でもって自己の感覚に暴力を加え、感覚的経験が明らかに反対のことを示しているにもかかわらず、理性の命じることを優先させて」（『天文対話』第三日）地球を動かし、天文学の伝統の外部に踏み出したことだ。他の人からは根拠のないことに見えても、自分には依拠する所があるという「根拠なき自信」を頼りに、不安に満ちた闇へ飛躍した。この学問論的越境が本人の予想もしなかった変革――アリストテレス自然学からの「逸脱」から、その全面的「転覆」を経て、力学的世界像へ――を生み出したのだ。最初の一歩、飛躍は難しい。だから、彼に続いた後の世の人々が、天才という称号をコペルニクスに与え、近代科学誕生の幕開けシーンに登場する栄誉を贈ってくれたのだ。

あとがき

若い人に向けて本を書くなど、夢にも思わなかった。しかし書き終えたいま……、どこかに置き忘れていた若い頃の夢がボーッと浮び上り、鮮明なイメージとなり、かつての夢が実現したような感じである。筆者としては満ち足りた思いだが、最後まで読み通し、今これを読んでいる君はどうだろうか。満足してもらえたかな?（「あとがき」から立ち読みする習慣の人には、「満足すること、請合います」と大見得を切っておこう）。

思えば、大学闘争の激化した一九六〇年代後半、私は理工学部の学生だった。このまま大学を卒業すれば、どこかの会社に技術者として就職して、特許の一つや二つを取って定年を迎える人生になるだろう。しかしその人生は、私には魅力的とは思えなかった。自分の人生と「等価交換」になると思えるものに専心したい、そんな思いに捕らわれていた。そこで私は秘《ひそ》かに専門変更を考えるようになった。

自分が知りたいこと、自分にとって意義のあることに専心できるならば、等価交換になるような気がした。近代とは？　近代科学とは？　自然科学的な世界理解はどこに問題があるのか？　気になっていたこうした問いに向き合うには、さまざまな道があっただろうが（例えば、科学哲学とか）、科学の歴史的展開を辿《たど》るのが一番良いように思えた。科学史をやってみよう、と思い立ったのは、卒業後四年ほどモラトリアム時代を過ごしていたときだった。そのころ最初に書いた作文（論文とはいえない代物）は、近代科学誕生の端緒とされる「コペルニクス革命」についてだった（コピーをとっておいたはずと思い、探してみたが、見つからなかった）。あれから優に半世紀が過ぎ、どれほど理解が進んだかは心許《こころもと》ないが、この本でもう一度出発点に戻ってきたような気がしている。

今回、コペルニクスの生涯をたどりながら、彼の私的および公的なさまざまな活動の細部を追い、そのなかに彼の天文学研究を定位できたことは、私には大きな発見をもたらしてくれた。それをこうして伝えられるのは、大きな喜びである。

「よみがえる天才」シリーズに登場する人物が、天才であったのは間違いない。しかし、神童と称された子が長じて凡人になってしまったというのは、世間によくある話だ。だから「天才はどのように生まれるのか」は出生の話には還元できない。コペルニクスの場合について考えてみると、彼に天賦の才があったのは、お仕着せあるいは出来合いの「問い」ではなく、学問的問いを自ら発見し、環境が課す困難にもかかわらず、めげずに問い続け、考え抜いていったことだった。問いを持ち続けること、その問いを吟味して鍛えること、またその問いが生み出す「新たな問い」を捨てないこと。そして、諦めない。この粘り強さが、コペルニクスのもっていた才能である。そしてこれは、天才と称される人々に共通する重要な特徴ではなかろうか。そうであれば、読者ひとりひとりにもその可能性は開かれているはずだ。本書を書き進めた私の気持ちの底にあった思いがこれだ。読者にその思いが伝われば、筆者にとって望外の喜びというほかない。

最後に、このような機会を与えてくださった筑摩書房に感謝したい。編集部の鶴見智佳子さんには担当者としてお世話していただいた。記して感謝申し上げる。

二〇二〇年一〇月吉日

高橋 憲一

参考文献

もう少し知りたいという読者のために、日本語で手に入る基本文献を挙げる。

古代から近代初期までの天文学史を概観したものとして、

山本義隆（二〇一四）：『世界の見方の転換』一―三巻、みすず書房
ウォーカー（編、二〇〇八）：『望遠鏡以前の天文学――古代からケプラーまで』（山本啓二・川和田晶子訳）、恒星社厚生閣

プトレマイオスの天文学については、

プトレマイオス（一九八二）：『アルマゲスト』（復刻版、藪内清訳）、恒星社厚生閣
ノイゲバウアー（一九八四）：『古代の精密科学』（矢野道雄・斎藤潔訳）、恒星社厚生閣

コペルニクスの天文学と伝記については、

アダムチェフスキ（一九七三）：『ニコラウス・コペルニクス――その人と時代』（小町真之・坂元多訳）、日本放送出版協会
ギンガリッチ（二〇〇五）：『誰も読まなかったコペルニクス――科学革命をもたらした本をめぐる

書誌学的冒険』（柴田裕之訳）、早川書房
ギンガリッチ&マクラクラン（二〇〇八）：『コペルニクス――地球を動かし天空の美しい秩序へ』（林大訳）、大月書店
ケストラー（一九七七）：『コペルニクス――人とその体系』（有賀寿訳）、すぐ書房
コペルニクス（二〇一七）：『完訳 天球回転論――コペルニクス天文学集成』（高橋憲一訳・解説）、みすず書房
広瀬秀雄（一九七九）：『天動説から地動説へ――コペルニクス伝』、国土社
ホイル（一九七四）：『コペルニクス――その生涯と業績』（中島龍三訳）、法政大学出版局
湯川秀樹ほか（一九七三）：『コペルニクスと現代――コペルニクス生誕500年記念』、時事通信社

レティクスについては、

ダニエルソン（二〇〇八）：『コペルニクスの仕掛人――中世を終わらせた男』（田中靖夫訳）、東洋書林
ホーイカース（一九九五）：『最初のコペルニクス体系擁護論』（高橋憲一訳）、すぐ書房

ブルーノ、ケプラー、ガリレオについては、

ブルーノ（一九八二）：『無限、宇宙および諸世界について』（清水純一訳）、岩波文庫

ケストラー（一九七一）：『ヨハネス・ケプラー――近代宇宙観の夜明け』（小尾信彌・木村博訳）、河出書房新社：ちくま学芸文庫（二〇〇八）
ケプラー（二〇一三）：『新天文学――楕円軌道の発見』（岸本良彦訳）、工作舎
エイトン（一九八三）：『円から楕円へ――天と地の運動理論を求めて』（渡辺正雄監訳）、共立出版
青木靖三（一九六五）：『ガリレオ・ガリレイ』、岩波新書
伊藤和行（二〇一三）：『ガリレオ――望遠鏡が発見した宇宙』、中公新書
ガリレオ（一九五九、一九六一）：『天文対話（上・下）』（青木靖三訳）、岩波文庫
ガリレオ（一九七六）：『星界の報告　他一編』（山田慶児・谷泰訳）、岩波文庫：（二〇一七）：『星界の報告』（伊藤和行訳）、講談社学術文庫
田中一郎（二〇一五）：『ガリレオ裁判――400年後の真実』、岩波新書

科学革命という広い文脈で論じたものとして、

クーン（一九七六）：『コペルニクス革命――科学思想史序説』（常石敬一訳）、紀伊國屋書店：講談社学術文庫（一九八九）
コイレ（一九七三）：『閉じた世界から無限宇宙へ』（横山雅彦訳）、みすず書房
ディア（二〇一二）：『知識と経験の革命――科学革命の現場で何が起こったか』（高橋憲一訳）、みすず書房

ちくまプリマー新書364

コペルニクス　よみがえる天才《てんさい》5

二〇二〇年十二月十日　初版第一刷発行

著者　高橋憲一（たかはし・けんいち）

装幀　クラフト・エヴィング商會

発行者　喜入冬子

発行所　株式会社筑摩書房
東京都台東区蔵前二‐五‐三　〒一一一‐八七五五
電話番号　〇三‐五六八七‐二六〇一（代表）

印刷・製本　中央精版印刷株式会社

ISBN978-4-480-68389-2 C0244 Printed in Japan